実例でわかる

英語テスト作成ガイド

小泉利恵・印南 洋・深澤 真 編

A Practical Guide for Developing English Tests

大修館書店

はじめに

　テストに関するニュースは，よく取り上げられています。大学入試などを扱う高大接続改革で，2019年度から「高校生のための学びの基礎診断（仮称）」が導入されます。2020年度からはセンター入試が「大学入学共通テスト（仮称）」に変わり，リーディング・リスニング中心だったテスト内容が4技能を測るテストに変わります。学力の三要素として「知識・技能」，「思考力・判断力・表現力」，「主体性・多様性・協働性」が挙げられ，その育成と評価が今後求められていきます。指導が変わり，入試が変わる中，学校での評価も，能力の多面的評価が求められています。評価は，成績をつけるため以外に，指導の効果を検証し，指導や学習を改善するためにも行うことになります。筆記テストだけで十分という時代は終わりました。

評価の重要性と
不足している研修

　評価の重要性は誰もが認める状況ですが，評価の方法について十分知っている教師は限られ，教員養成においても扱いは不十分なようです。ベネッセ教育総合研究所（2015）によると，受けたい研修内容として，「パフォーマンステストのやり方」を，41.5％の中学校教員と34.2％の高校教員が挙げました。「『話すこと』・『書くこと』の評価方法がわからない」と答えた中学校教員は24.8〜30.3％，高校教員は33.5〜40.7％いました。「評価基準を作成し，その基準に基づいて評価を行う」ことに対し，英語を指導する際に「とても重要」と答えたのが中学校教員で57.4％，高校教員で43.9％いたのに対し，「それを十分実行している」と答えたのが中学校教員で26.9％，高校教員で17.1％のみでした。評価の重要性はかなりの教員が認めるものの，実施がまだ不十分であることが分かります（pp. 7-14）。

　教育委員会に対する調査（東京学芸大学，2016）でも，中学・高校教員志望者が採用時に身につけておくべき重要な知識・技能として，「学習評価」と「テスト作成の理論」がともに5段階で4以上と，非常に重要と認識されています（pp. 136-137）。一方，大学での英語教職課程担当者の約50％が「4技能の能力を適切に測ることができる評価方法」を今後重要だと挙げていたのに対し，約20％のみが教職課程で扱っていると答え，大きなギャップがあることも分かりました（p. 60）。

　2つの調査から，中高での評価の実践は十分でなく，教科教育法での指導も不十分ということが分かります。この調査や専門家の意見に基づき，中・高等学校　教員養成課程　外国語（英語）コア・カリキュラムにおいて，「学習評価の基礎」を身につけることが目標として掲げられました（東京学芸大学，2017，p. 72）。中・高等学校教員研修　外国語

（英語）コア・カリキュラムにおいては，「評価に関する専門的知識」を身につけることが目標に挙げられました（東京学芸大学，2017，p. 86）。さらに，教員養成課程の具体的な学習項目として「観点別学習状況の評価，評価規準の設定，評定への総括」と「言語能力の測定と評価（パフォーマンス評価等を含む）」が，教員研修の研修項目としては，「パフォーマンス評価を含む5つの領域（筆者注：聞くこと・話すこと［やり取り］・話すこと［発表］・読むこと・書くこと）の総合的な評価（テスト作成を含む）」が明記されています（p. 74, p. 87）。今後の教員養成課程と研修において，評価は非常に重要な項目として位置づけられています。

「言語テスティング・評価研究」と「言語評価についてのリタラシー」

英語の評価や，その一手法であるテストを，どのように作り，使ったらよいか，またテストでどのような能力が測れ，どう改善したら教育にも良い波及影響があるテストとなるかなどを体系的に考える学問は「言語テスティング・評価研究」（language testing and assessment）と呼ばれます。日本でも研究者が増えてきている研究分野ですが，その知見は，英語評価の実際の場面ではまだ十分に生かされていないようです。本書では，言語テスティング・評価研究からの知見に基づき，評価の実践の改善に役立つ情報を分かりやすく紹介します。

教師が言語評価についてのリタラシー（language assessment literacy）を持つことでの利点は主に5点あります（Plakans & Gebril, 2015, p. 16 に基づく）。

1. 評価の適切な方法や手順を選んだり，決めたりできるようになる。
2. 校内テストや外部テストを適切に実施・採点し，テスト結果を解釈できるようになる。
3. テスト結果を使って，個々の生徒や指導，カリキュラムについて判断できるようになる。
4. 評価の結果を，生徒・保護者・教育関係者などに効果的に説明できるようになる。
5. 適切でない評価方法や手順，使い方に気づけるようになる。

テストや評価は学びの妨げになると考えられた時期もありましたが，現在では，学習や指導を助けるものとして位置づけられています。以前は学習の評価（assessment of learning）をするだけでしたが，今は学習のために役立つ評価（assessment for learning）を目指し，プラスの波及効果（washback）が起こるように計画すべきとされます（Plakans & Gebril, 2015）。入試や外部テストに対しても，テストに出る内容や技能にだけ焦点を当てて指導する，テストのための指導（teaching to the test）ではなく，学習の質を高め，生徒の能力を高めることを目標に行

うテストに向けた指導（teaching for the test）が望ましいとされます（Plakans & Gebril, 2015）。学習志向の言語評価(learning-oriented language assessment) の考え方は世界で広まってきています。

本書の特徴

　このような流れの中，本書は，評価の中の「テスト」に焦点を当て，適切なテスト作成・使用方法を紹介します。第1章の添削編では，中高生向けの定期テストの設問を，中高の先生や教員志望学生にご提供いただき，それに解説を付け，改善案を提案します。実際のテスト問題の作成で，どんなポイントに気をつけたらよいかが分かるような形にします。第2章の理論編では，第1章の添削の理論的根拠を説明します。第3章の実践編では，第2章の理論編を念頭に，テストの設計図（テスト細目：test specifications）からテスト作成までの例を提示します。

　本書は，成績評価に入れるためのテストを中心に扱います。自己評価や相互評価は，自分や友人の言語使用を見つめ直すことができるなど教育的に重要ですが，軽くのみ扱っています。個々のテストについての説明が多いですが，1回の非常に良いテストを作るよりは，様々な内容・形式のテストを複数回行い，総合的に評価をするのが望ましいと考えています。本書の内容は，小学校や大学でも応用できますが，主に中高での評価を念頭に説明しています。

　既にテスティングや評価の本は，日本では，青木（1985），若林・根岸（1993），大友（1996），靜（2002），中村（2002），松沢（2002），金谷（2003），根岸・東京都中学校英語教育研究会（2007），尾崎（2008），石川・西田・斉田（2011），卯城（2012），上山（2014），佐藤（2014），望月・深澤・印南・小泉（2015），渡部・小泉・飯村・髙波（2016）などが英語教育分野でも出版されていますが，指導関連の本に比べて断然少ない状態です。類似書と比較したときの本書の特徴は，①4技能テストを扱い，特に産出技能であるスピーキングとライティングテスト，技能統合型テストに力を入れていること，②テスト形式だけでなく，テストの実施・採点方法やテスト返却・結果分析など広く扱っていること，③演習形式を第1章と第3章で取り入れ，添削例とテスト細目からのテスト作成例を示すことで，実践に結びつけやすい形にしていること，④本書で示した表や図，第3章実践編の追加資料などを，大修館書店のウェブサイトから提供していることです。

　用語は，以下のように，分かりやすいものを使いました。望月他（2015）とできるだけ共通にしましたが，技能統合型テスト（望月他では「技能統合的活動の評価」）など，一部異なるものもあります。

・評価：テストを含む広い意味と，「採点」という狭い意味で使っている。
・テストの構成：（大きい単位から小さい単位の順に）大問（必要な場

合のみ，中間），小問，設問（または問，タスク。個々の問題・項目・アイテムの意味）
- インプットとして読み，聞くもの：英文（または文章。パッセージ・テキストの意味）。リスニング用英文は，スクリプト（本書では，基本的にイタリックで表記）
- 能力と技能，スキル：これらはほぼ同じ意味。
- 受験者，学習者でなく，生徒に統一。
- ルーブリック（rubric，採点基準，または評価基準）：評価規準（assessment criterion，または評価観点）と判定基準（rating scale）から成る。
- パフォーマンステスト：広くは4技能を引き出すテストを含むが，本書ではライティング・スピーキングテストを中心に考える。

　なお，テストでは，同じ学習目標や授業内容に対して，複数の方法がありえるため，どれを選んだらよいか迷うこともあるでしょう。その場合には，可能な範囲で複数の方法を試し，比較してみてください。それにより，どの方法でも結果はあまり変わらないことや，逆に大きく異なることが分かるはずです。その情報に加え，「教育的に良い影響がある方を選ぶ」などの価値判断や，テストを行う目的などを基に，どの方法にするかを選ぶことをお勧めします。そのような比較・検証こそ，身近なところから始められる言語テスティング・評価研究の始まりです。

　本書は，大修館書店『英語教育』誌の2014年4月から1年間連載した原稿を基にしましたが，本にするにあたり執筆メンバーを増やし，大幅に加筆修正を行いました。出版までたどり着くまでに多くの方々にお世話になりました。特に，今まで綿密にご指導くださった，編者3名の恩師である望月昭彦先生，連載時から励ましてくださった，小林奈苗様，富永七瀬様，本書作成にご協力くださった先生方（木之内富美代先生，鈴木はる代先生，田邊玲先生，寺本悟史先生，贄田悠先生，根本章子先生，野上泉先生，平山尚子先生，廣瀬美希先生，前田昌寛先生，水谷大輔先生，山本正光先生，Robert F. Whittier先生，50音順）と学生の方々（北橋日本さん，具志堅優美子さん，久保田恵佑さん，下地美希さん），語彙の評価に関連してコメントをくださった中田達也先生に，感謝申し上げます。

2017年6月
編者代表　小泉利恵

目次

はじめに　iii

第1章 [テスト添削編] テストをどう改善するかを学ぼう　3

1.1　授業・観点別評価との関連　4
1.2　中学：リーディング・語彙・文法テスト　6
1.3　高校：リーディング・語彙・文法テスト　10
1.4　中学：リスニングテスト　14
1.5　高校：リスニングテスト　18
1.6　中学：ライティングテスト　22
1.7　高校：ライティングテスト　26
1.8　中学：スピーキングテスト　30
1.9　高校：スピーキングテスト　34

第2章 [理論編] テスト作成に必要な理論を学ぼう　39

2.1　テスト作成の原則　40

2.1.1　テストの種類　40
　Q1：定期テストでは高い点が取れても，模擬試験（模試）では思うほど点が取れない生徒がいるのはなぜか。　41
　Q2：校内テスト（定期テスト，小テスト）を効果的に活用するコツはあるか。　42
　Q3：英検やTOEIC，模試などの外部テストにはどのような違いがあるか。また，上手な使い方のコツはあるか。　43

2.1.2　テストの作り方　45
　Q1：テストはどんな手順で作ったらよいか。　45
　Q2：テストをコミュニカティブにするにはどうしたらよいのか。　50
　Q3：生徒へテストの予告をどのようにすべきか。　51

2.1.3　観点別評価・CAN-DOリストとの関係　51
　Q1：CAN-DOリストをどのように評価に反映すべきか。　53

2.1.4　テストに必要な要素：妥当性，信頼性，実用性　　55
　　Q1：「良いテスト」とはどんなテストか。　55
　　Q2：妥当性は波及効果も含むため，複雑そうに見えるが，そうなのか。　58
　　Q3：良いテストが作れたかどうかは，どうやって分析するのか。　58

2.2　テストの作成・実施時の注意点　　60

2.2.1　定期テストと小テスト　　60
　　Q1：総合問題はテストとしては良くないと聞く。なぜいけないのか。　60
　　Q2：小テストの作成と実施で特に注意するとよい点は何か。　61
　　Q3：小テストにあまり時間をかけられない。実施しやすくする方法はあるか。　62

2.2.2　スピーキング　　63
　　Q1：スピーキングテストはどう作ったらよいか。　63
　　Q2：少ない負担でスピーキングテストを取り入れるにはどうしたらよいか。　65
　　Q3：どのようにしたらより信頼性の高い採点となるか。　66

2.2.3　ライティング　　67
　　Q1：ライティングテストはどう作ったらよいか。　67
　　Q2：1人の答案を教師2人で採点するのは時間的に難しいのだが，ライティングテストはどう採点したらよいか。　69
　　Q3：授業時に書かせた作品を評価したいのだが，何かよい方法はないか。　70

2.2.4　リスニング　　71
　　Q1：リスニングテスト作成時に，どんな点に気をつけたらよいか。　71
　　Q2：音声を録音する時に，どんな点に気をつけたらよいか。　72

2.2.5　リーディング　　73
　　Q1：授業で扱ったのと同じテキストを定期テストに出すのはよいか。初見の英文を出す方がよいか。　73
　　Q2：長文で問題を出したい場合は，どのような解答形式がよいか。　75

2.2.6　技能統合型テスト　　76
　　Q1：技能統合型テストとはどのようなテストなのか。　76
　　Q2：通常のスピーキング・ライティングテストとはどこが違うのか。　77
　　Q3：校内テストで，技能統合型テストを実施するメリットは何か。　78

Q4：校内テストで，実施する前に注意しなくてはならない点は何か。　79

　2.2.6.1　技能統合型スピーキングテスト　79
　Q1：技能統合型スピーキングテストの実施には，どのような準備が必要か。　79
　Q2：テスト形式はどのように選べばよいか。　80
　Q3：リスニング・リーディングの英文はどのように選べばよいか。　80
　Q4：生徒への指示文には何を書けばよいか。　81
　Q5：ルーブリックはどのようなものが望ましいか。　82

　2.2.6.2　技能統合型ライティングテスト　83
　Q1：技能統合型ライティングテストはどう作ったらよいか。　83
　Q2：暗記テストにしないためにはどうしたらよいか。　86
　Q3：技能統合型ライティングテストは，ライティングの力を測っているか。　87

2.3　テスト形式 …………………………………………………………………… 88
2.3.1　産出型タスク形式　88
2.3.2　受容型テスト形式　96
　2.3.2.1　多肢選択式問題の作り方　96
　Q1：多肢選択式はどんなテスト形式か。　96
　Q2：多肢選択式テストの長所と短所は。　97
　Q3：選択肢の数はいくつが適当か。　98
　Q4：多肢選択式テストはどのように作成したらよいか。　99

　2.3.2.2　多肢選択式以外の受容技能テスト問題の作り方　101
　Q1：多肢選択式以外に，どのような形式があるか。　101
　Q2：多肢選択式以外の受容技能テストは，どう活用できるか。　103
　Q3：テスト作成にあたって考慮すべき点は。　104

2.3.3　技能統合型テスト形式　106
　Q1：技能統合型テストにはどのような形式があるか。　106
　Q2：技能の組み合わせにはどのようなパターンが考えられるか。　106
　Q3：生徒が話したものや書いたものを，他の生徒のインプットとして使用することはできるか。　107
　Q4：どのようにして技能統合型テストの形式を決めればよいのか。　107

2.4 テスト実施後の注意点 ……………………………………………………………… 109

2.4.1 テスト結果のフィードバック方法　109
- Q1：テスト結果の返却物に学習に役立つフィードバックを入れたいのだが，どうやったらよいか。　109
- Q2：Q1で挙げられたフィードバックを行ったが，あまり効果がなかったようだ。何か工夫できることはあるか。　111

2.4.2 テスト結果の使い方，読み取り方　111
- Q1：各生徒の設問ごとの結果を入力したが，どのように分析したらよいか。　112
- Q2：多肢選択肢はどのように分析できるか。　113

2.4.3 PDCAサイクルによるテスト結果の生かし方　114
- Q1：テスト結果を次年度に生かしたいのだが，どのような改善に役立てることができるか。　115

第3章［演習編］テストを一から作ろう ……………………………………………… 119

3.1 スピーキングテスト ……………………………………………………………… 120
- 状況1：絵の描写（前置詞を使って場所を表す）　120
- 状況2：教師との対話型（身近な内容の質問をする）　122
- 状況3：生徒間での対話型（英語で主体的に話し合う）　123

3.2 ライティングテスト ……………………………………………………………… 127
- 状況1：夏休みの思い出について話すための原稿を書く
  （過去形を使って体験したことを書く）　127
- 状況2：日本の伝統行事（端午の節句）について，英語で説明する文章を書く
  （主題に関してつながりを意識して説明する）　129
- 状況3：クローン技術を使った絶滅動物の再生の是非についての意見を書く
  （主題に関する意見を，論理展開を意識して書く）　130

3.3 リスニングテスト ………………………………………………………………… 133
- 状況1：1学期定期テスト（中3）　133
- 状況2：1学期定期テスト（高3）　135

3.4　リーディングテスト ･･･ 137
　状況 1：教科書本文をそのまま出題（中 1）　137
　状況 2：教科書本文を書き換えて出題（中 3）　138
　状況 3：教科書の原典を出題（高 3）　140

3.5　技能統合型スピーキングテスト ････････････････････････････････ 143
　状況：聞いた意見を要約する　143

3.6　技能統合型ライティングテスト ････････････････････････････････ 147
　状況 1：読んだ内容についてまとめや意見を書く　147
　状況 2：聞いた内容についてまとめや意見を書く　149

参考文献　　152
索引　　157
執筆者一覧　　160

【凡例】
*（上付き文字）＝生徒のパフォーマンスで，文法的な誤りを含むもの
リスニングテストの問題文におけるイタリック＝音声で流れるスクリプト原稿

実例でわかる英語テスト作成ガイド

第1章

[テスト添削編]
テストをどう改善するかを学ぼう

　本章では，中高で実際に使われたり，教職課程で学ぶ学生が作成したりしたテスト問題に対して，より望ましい形になるように添削を行っている。添削前と添削後を見比べ，添削アドバイスを読むことで，テスト作成時にどんなポイントに気をつけたらよいかという見通しがわかるようにしている。
　第2章の理論編と関連づけているため，興味を持った点に関して，第2章を読み進めると理解が深まると思われる。

1.1　授業・観点別評価との関連

※以下，問題は一部省略，改訂して提示してあります。

添削前

平成27年度○○高等学校2年定期考査
（コミュニケーション英語Ⅱ）

【1】次の文章を読んで，下の各問いに答えなさい。（21点）
【2】次の文章を読んで，下の各問いに答えなさい。（20点）
【3】次の語彙問題の各問いに答えなさい。（24点）
【4】次の文法問題の各問いに答えなさい。（35点）

語彙・文法とリーディングの設問のみですが，4技能を扱う授業目標・内容とテスト構成が一致しているでしょうか。スピーキングは別として，授業で行ったリスニング・ライティング活動の評価ができる設問を筆記テストに入れたいものです。<2.1.1節 Q2と2.4.3節 Q1参照>

技能育成の活動を多く行った授業のテストとして，語彙・文法の設問が59点分，リーディングの設問が41点分で，バランスは問題ないでしょうか。<2.1.1節 Q2と2.1.2節 Q1参照>

大問ごとに，何を意図したテスト問題かを書くことで，作成にも指導にも役立つようになります。<2.1.2節 Q1参照>

解答用紙（2年コミュニケーション英語Ⅱ定期考査）

【1】
問1		
問2	②	③
	⑤	⑨

［略］

2年　　組　　番　氏名　　　　　　　　　　　　　　点

配点が問題ごとに異なる状況で，配点が解答用紙に書いていないと採点しにくいのでは？<2.1.2節 Q1参照>

合計得点だけで，どんな力を身につけたかや今後の課題を，生徒や教師は把握できるでしょうか。<2.4.1節 Q1参照>

添削後

平成 27 年度○○高等学校 2 年定期考査
(コミュニケーション英語 II)

[ ] はテストで主に見ている力

【1】［聞いて理解する力］これから流れる英語の会話の内容について，各問いに答えなさい。［25 点］

【2】［単語と文法の力］次の各問いに答えなさい。［25 点］

【3】［読んで理解する力］次の文章を読んで，下の各問いに答えなさい。［35 点］

【4】［自分を表現する力］次の質問をされたときに，英語でどう答えるかを書きなさい。［15 点］

> リスニング，語彙・文法，リーディング，ライティング問題を入れました。スピーキングテストはこの筆記テストとは別に行います。
> <2.1.1 節 Q2 と 2.4.3 節 Q1 参照>

> 授業での重みづけや重要度に合わせて配点を決めました。テスト作成後でなく，作成前に配点を決めます。<2.1.2 節 Q1 参照>

> 大問ごとに，何を意図したテスト問題かを書きました。観点別評価の「表現の能力」「言語や文化についての知識・理解」などに対応させやすい形で書きます。<2.1.3 節参照>

解答用紙（2 年コミュニケーション英語 II 定期考査）

【1】［聞いて理解する力］

問題 1 (2 点)		
問題 2 (×2 点)	①	②
	③	④

［略］

聞いて理解する力	単語と文法の力	読んで理解する力	自分を表現する力
/25 点	/25 点	/35 点	/15 点

2 年　　組　　番　氏名　　　　　　　　　　　　　点

> テストの意図と配点を解答用紙に書きました。<2.1.2 節 Q1 参照>

> 各大問の点を書く欄を作りました。詳細や，今までの学習の反省，今後の対策を別紙に書かせるとさらによいでしょう。
> <2.4.1 節 Q1 参照>

1.2 中学：リーディング・語彙・文法テスト

添削前

> 表現の部分的な削除と修正によって，教科書をそのまま出題しない工夫をしている問題です。教科書との重複部分も多いですが，中学1年生の場合はこの程度の言い換えで十分でしょう。
> <2.2.5節 Q1 参照>

【1】［中1］次の英文は，Amiが旅行に行ったときに撮ったビデオレターの英文です。英文を読んで，次の問いに答えなさい。

　Hello, everyone. I'm spending my winter vacation in San Francisco. I came with my friend, Misato. ① We can get around easily in this city. We can ride cable cars, trains, or bikes. (　　　) we can't ride bikes right here. Can you see the hills here? ② They are too steep. I like the Golden Gate Bridge. But it's not golden. The name comes from the Golden Horn in Turkey.

問1　下線部①と②の指すものは何ですか。①は英語で，②は日本語で答えなさい。
問2　本文中の（　　　）に入る接続詞を英語1語で答えなさい。ただし，先頭の文字は大文字で書くこと。

【解答】問1 ① Misato and I　② サンフランシスコ市内の坂
　　　　問2　But

> 接続詞の知識も含めた，文間のつながりの理解を問うています。ただし，文脈を理解できていなくても，教科書を暗記していれば正解できてしまうのは問題です。これらの知識を測っているのは意図的でしょうか？ <2.2.5節 Q1, Q2 参照>

> 指示語の設問ですが，解答言語が異なり，解答しにくくないでしょうか。
> <2.2.1節 Q1 参照>

> 英文の内容理解を測るために，要約文の空所補充問題にしたのは良い工夫です。ただ，空所を数字に限定したのは意図的でしょうか。まとまった英文の内容理解ではなく，数字の探し読みをする力を問う問題になっているようです。
> <2.2.5節 Q1 参照>

【2】［中1］次の英文は，店員と田中さん（Ms. Tanaka）の会話です。空欄に当てはまる日本語を書きなさい。

店員　　　　：Hi. May I help you?
Ms. Tanaka：Two cups of orange juice and a cup of apple juice, please.
店員　　　　：OK. That's three hundred and sixty yen, please.
Ms. Tanaka：Here you are.
店員　　　　：Thank you. Here's your change, forty yen.
Ms. Tanaka：I only have twenty yen.
店員　　　　：Oh, I'm sorry.

田中さんは，オレンジジュースを（①）杯とリンゴジュースを（②）杯を注文した。値段は，（③）杯で（④）円だった。おつりは（⑤）円だったはずが，店員は（⑥）円しか渡さなかった。

【解答】① 2　② 1　③ 3　④ 360　⑤ 40　⑥ 20

添削後

【1】[中1] 次の英文は，Ami が旅行した時に書いたビデオレター用の英文です。英文を読んで，次の問いに答えなさい。

　Hello, everyone. I'm spending my winter vacation in San Francisco. I came with my friend, Misato. ① We can get around easily in this city. [　②　] I like the Golden Gate Bridge. But ③ it's not golden. The name comes from the Golden Horn in Turkey.

問1　下線部①と③の指すものを本文中の英語を用いて答えなさい。

問2　②に入るように，次の5つの英文を並べ替えて記号で書きなさい。

　ア　They are very steep.
　イ　Do you know why?
　ウ　Please look at the hills here.
　エ　We can ride cable cars, trains, or bikes.
　オ　But we can't ride bikes right here.

　　（　）→（　）→（　）→（　）→（　）

【解答】問1 ① Misato and I（I and Misato の場合，部分点あり）
　　　　　　③ (the) Golden Gate Bridge（部分点なし）
　　　　問2　エ→オ→イ→ウ→ア

問1は代名詞が指示する対象を問う設問だと捉え，解答言語を英語にしました。代名詞が指示する対象の内容を問う設問であれば，解答言語を日本語にすることも検討できます。<2.2.1節 Q1 参照>

文間のつながりの理解に焦点を当てるべく，英文を並べ替える設問に変更しました。また，教科書の暗記だけでは正解できないよう，一部表現に変更を加えています。<2.2.1節 Q1 参照>

【2】[中1] 次の英文は店員と田中さんの会話です。店員は，上司にトラブルを報告するメモを作りました。空欄に語句を入れ，メモを完成させなさい。

　店員　　　：Hi. May I help you?
　Ms. Tanaka：A hamburger, please.
　店員　　　：Anything else?
　Ms. Tanaka：Oh, I want a cup of orange juice, too.
　店員　　　：OK. That's three hundred and sixty yen, please.
　Ms. Tanaka：Here you are.
　店員　　　：Thank you. Here's your change, forty yen.
　Ms. Tanaka：Only twenty yen?
　店員　　　：Oh, I'm sorry.

田中様はハンバーガーと（①）を注文され，合計金額は360円でした。
田中様は（②）円を出されたのですが，私は（③）を間違えてしまいました。

【解答】①（1杯の）オレンジジュース　②400　③おつり

問題形式は変更せず，問題文と空所を変更しました。また，トラブルの報告という現実的な状況設定を行うことで，目的を持った自然な読みになるようにし，英文の内容理解を問う問題にしました。<2.1.2節 Q1 と 2.2.5節 Q1 参照>

添削前

> 文法は，言語活動と関連づけて指導することが求められています。言語活動を通して定着した文法能力を測定したいのであれば，言語の使用場面を意識した設問にするべきでしょう。
> <2.1.2節 Q1参照>

【3】[中1] 次の英語を，< >内の指示に従って書きかえ，空欄に当てはまる英語を解答欄に書きなさい。

問1　You are my friend. <下線部を She にかえて>
　→（　　　）（　　　）my friend.
問2　I am from America. <否定文に>
　→（　　　）（　　　）from America.
問3　That's a textbook. <疑問文にして，No で答える>
　→（　　　）（　　　）a textbook ? – No,（　　）（　　）.
問4　I play soccer. <下線部を piano にかえて>
　→ I play（　　　）（　　　）.

【解答】問1　She is
　　　　問2　I'm not
　　　　問3　Is that / it isn't
　　　　問4　the piano

> 英文における語彙知識の産出を問う問題ですが，英単語に対応する部分の日本語訳を提示してしまうと，英文を提示する意味がなくなります。文脈を示すのであれば，文脈が必要な設問にしましょう。
> <2.2.5節 Q2参照>

【4】[中2] 日本語を参考にして，空欄に当てはまる最も適切な英単語を書きなさい。

問1　I'll show（　　）my pictures.「彼に」
問2　This car（　　）new.「～に見える」
問3　He will（　　）you a nice present.「あげる」

【解答】問1　him
　　　　問2　looks
　　　　問3　give

> 助動詞の産出を意図した設問のようですが，対応した句動詞（例：have to）の理解も必要とされます。また，設問によっては複数の正答が存在するようです。これらは意図的でしょうか。意図した助動詞の使用を問う設問にした方が診断に役立ちます。
> <2.1.2節 Q1参照>

【5】[中2] 次の英文をほぼ同じ内容を表す文に書き変えなさい。

問1　We have to study math now.
問2　Don't play baseball in the park.
問3　I'm going to go shopping tomorrow.

【解答例】問1　We must study math now.
　　　　　問2　You must not play baseball in the park.
　　　　　問3　I will go shopping tomorrow.

添削後

【3】[中1] 空欄に当てはまる英語を書き，会話文を完成させなさい。

問1　A：Are you and Miki sisters?
　　　B：No. She（　　　）my friend.

問2　A：Are you from America?
　　　B：No, I（　　）（　　　）from America.

問3　A：Look!（　　）（　　　）Kumi?
　　　B：Well, no. That's Yumi.

問4　A：I like sports. Do you like sports, too?
　　　B：No. I like music. I play（　　　）piano.

【解答】問1　is
　　　　問2　am not
　　　　問3　Is that
　　　　問4　the

> 言語の使用場面を意識し，会話文を完成させる問題形式に変更しました。コミュニケーションにおける文法知識の活用力を測ることを意図しています。
> <2.1.2節 Q2参照>

【4】[中2] 日本語を参考にして，空欄に当てはまる英単語を書きなさい。

問1　I'll（　　）him my pictures.「私の写真を彼に見せよう」
問2　This car（　　）new.「この車は新しく見える」
問3　He will（　　）you a nice present.
　　「彼はあなたに素敵なプレゼントをくれるだろう」

【解答】問1　show　問2　looks　問3　give

> 英文全体の日本語訳を提示しました。その際，直訳的な日本語にならないように表現を工夫しています。また，テストするポイントを絞り，診断情報を提供するために，それぞれの設問で問う英単語を動詞に統一しました。<2.1.2節Q1参照>

【5】[中2] 次のような場面で，あなたはどのように言いますか。空欄に当てはまる英単語（1語）を書き，文を完成させなさい。I'mなどは1語と数えます。

問1　遊びに誘われたが，勉強を理由に断りたい時
　　　We（　　）study now.
問2　マラソンの前に大量の水を飲んでいる友人に対して
　　　You（　　）drink a lot of water.
問3　明日の予定を聞かれ，買い物に行くと答える時
　　　I（　　）go shopping tomorrow.

【解答】問1　must
　　　　問2　shouldn't
　　　　問3　will

> 助動詞の直接的な使用を測ることを意図し，言語の使用場面に応じた助動詞を補充する設問に変更しました。解答の語数を1語から2〜3語に変更することで，助動詞と対応する句動詞の使用を問う設問にすることもできます。

1.3 高校：リーディング・語彙・文法テスト

添削前

【1】[高2] 次の英文を読んで，以下の問いに答えなさい。（本文一部略）

... Though she makes only a small profit, her frugality has allowed her （　ア　） donate over NT\$10 million to less fortunate people than her. In 2010, many international magazines, such as Forbes and TIME, chose her as one of the most outstanding Asians of the Year. The selfless generosity of this woman had impressed so many people.

　　She doesn't care about making a large profit or becoming famous in the world. In fact, she was invited to the TIME award in New York, but she （　イ　）. "This is not a competition, and I didn't win anything," she said. " Money （① if / ② in / ③ people / ④ value / ⑤ has / ⑥ only / ⑦ given / ⑧ need / ⑨ to）."

> 教科書本文をそのまま使用しています。記憶力のテストにならないよう，設問を工夫する必要がありますね。<2.2.5節 Q1 参照>

> 生徒に教科書を読みこませる波及効果が期待できます。ただし，教科書と完全一致のみを正解とすると，英語力よりも記憶力が問われます。読解テストとして，もっと英文の理解を問えるようにしましょう。<2.2.5節 Q1 参照>

問1　（ア）と（イ）に当てはまる単語を書き入れなさい。教科書と完全一致で正解とします。

問2　次の問いに適切な解答を1つ選び，記号で答えなさい。
　　Why was Chen chosen as one of the 2010 Asians of the Year?
ア　Her selfless generosity moved many people.
イ　She had run her vegetable stall for years with difficulties.
ウ　Because she won the competition of selfless generosities.

問3　本文の内容と一致するものを以下から1つ選び，記号で答えなさい。
ア　Chen sells vegetables for a little more expensive than the usual price.
イ　Some media chose her as one of the most outstanding people.
ウ　She donates money because she wants to be famous around the world.

問4　本文の（　）内の語句を並び替えて，「お金は必要な人にあげてこそ価値がある」という意味の文を作り，3番目と6番目にくる語句を番号で答えなさい。

> 問2は文間の因果関係の理解を問う問題です。英文の大局的な理解を測る意図であれば，良く工夫された問題でしょう。<2.2.5節 Q1 参照>

> 本文と異なる表現を使って選択肢を作成したのは良いですね。ただし，この設問だと，正答選択肢を理解できなくても，錯乱肢を削除できれば正答できてしまいます。<2.3.2.1節 Q1 参照>

> いわゆる総合問題で，読解能力は必要とされません。さらに，内容に関わる日本語訳を提示しているので，他の問題のヒントになるような悪影響も懸念されます。<2.2.1節 Q1 参照>

【解答】問1　（ア）to（イ）refused
　　　　問2　ア
　　　　問3　イ
　　　　問4　3番目⑥　6番目⑨

添削後

【1】[高2] 次の英文を読んで，以下の問いに答えなさい。

　All her father left her is the store she keeps now. Her main concern is that her customers get their vegetables at a reasonable price. Though she makes only a small profit, her frugality has allowed her to donate over NT\$10 million to fortunate people than her. In 2010, many international magazines, such as Forbes and TIME, chose her as one of the most outstanding Asians of the Year. The selfless generosity of this woman had impressed so many people.

　She doesn't care about making a large profit or becoming famous in the world. In fact, she was invited to the TIME award in New York, but she refused. "This is not a competition, and I didn't win anything," she said. "Money has value only given to people in need."

> 本文から抜き出した単語を戻す設問に変更しました。意味を手がかりとして正答できる単語を挿入する設問にすれば，教科書をただ記憶するだけでなく，意味理解を伴って教科書を読む波及効果が期待できます。意味理解を伴う繰り返し読みは内容理解をさらに促進します (e.g., Raney, 2003)。<2.1.4節Q1と2.3.2.2節Q1参照>

問1　本文の中には以下の2つの単語が抜けています。それぞれの単語が元々あった場所の次の語を答えなさい。
　（1）less　（2）if

問2　（略）

問3　以下の各文について，本文と一致する場合はT，一致しない場合はFを書きなさい。
（1）Chen sells vegetables at an expensive price.
（2）She donates money because she wants to be famous around the world.
（3）She did not go to New York to attend the award ceremony.

> 問3で英文の局所的な内容理解を問う問題なので，問2は大局的な内容理解を問う設問としてそのまま残しました。

> 真偽判定形式に変更しました。それぞれの文に対応する内容の理解を問うことができます。まぐれあたりの心配があるかもしれませんが，項目数を増やすことで対処可能です。<2.3.2.2節Q1〜Q4参照>

【解答】問1　（1）fortunate，（2）given（onlyも可）
　　　　問3　（1）F，（2）F，（3）T

> 内容理解と無関係の問4は削除しました。必要があれば，別の箇所で出題しましょう。<2.2.5節Q2参照>

添削前

句動詞の意味と機能の知識を測る問題です。空欄よりも語句の数が多いので、消去法では正解できないようになっていていいですね。
<2.3.2.2 節 Q1 参照>
ただし、問3はことわざの知識を測る設問で、他と違う知識を測っているようですが、問題はないでしょうか。

【2】［高2］文脈に合うように下から選んで空欄に適切な表現を入れ、英文を完成させなさい。動詞は必要に応じて形を変えること。

問1　Mary is always late for school. Mary often (　　) come on time.
問2　Many proverbs have been (　　) from old days.
問3　It (　　) crying over the spilt milk.
問4　You should (　　) your dictionary when you want to understand the whole story.

語句群：fail to / result in / hand down / be no use / make use of

【解答】問1　fails to
問2　handed down
問3　is no use
問4　make use of

高校では英語を使って授業をすることが基本とされています。和訳も提示すると、日本語を基に英文を訂正する力を測ることになります。英語で英語を理解する力を測れる問題にすべきではないでしょうか。

大問としては誤文訂正ですが、各設問が問うている能力は異なるようです。問1は助動詞、問3は動詞句の知識を、そして問2、問4と問5は文法の知識を問うています。大きく語法・文法の能力を測ることを意図しているのでしょうか。

【3】［高2］それぞれの英文には、1か所ずつ間違いがある。訂正箇所を記号で示し、正しい英語を書きなさい。

問1　Prices ₇may good ₁keep ₉going up.
　　物価はたぶん上がり続けるだろう。
問2　They ₇had the ₁roof of their house ₉blow away ₌by the typhoon.
　　彼らは家の屋根を台風で吹き飛ばされた。
問3　The ₇villagers ₁referred the ₉travelers ₌as their friends.
　　村人たちはその旅行者たちを友人とみなした。
問4　The problem ₇is ₁where we ₉can find ₌each other in such a crowd.
　　問題は、私たちがそんな人ごみの中でお互いを見つけられるかどうかだ。
問5　I'm sorry ₇that I ₁have ₉kept you ₌waited for a long time.
　　長い間待たせてごめんなさい。

問1は will 等、問3は regard 等でも正解です。複数正解は意図的でしょうか。
<2.1.2 節 Q1 参照>

問4は、where のままでも文法的に正解のようです。

【解答例】問1　ア　may well
問2　ウ　blown
問3　イ　considered
問4　イ　that
問5　エ　waiting

添削後

【2】[高2] 文脈に合うように下から選んで空欄に適切な表現を入れ，英文を完成させなさい。動詞は必要に応じて形を変えること。

問1 Mary is always late for school. Mary often (　　) come on time.
問2 Many proverbs have been (　　) from old days.
問3 Exercise makes you hungrier, so there (　　) doing exercise to lose weight.
問4 You should (　　) your dictionary when you want to understand the whole story.

語句群：fail to / result in / hand down / be no use / make use of

> ことわざの知識を問うていた問3を，一般的な文脈に変更しました。ことわざの知識を測りたければ，別の設問で出題しましょう。<2.1.2節Q1参照>

【解答】問1　fails to
　　　　問2　handed down
　　　　問3　is no use
　　　　問4　make use of

> 英語で英語を理解する力を問えるよう，和訳を削除しました。

【3】[高2]
問1　それぞれの英文には，1か所ずつ間違いがある。訂正箇所を記号で示し，正しい英語を1語で答えなさい。
(1) Prices may ₐgood ᵢkeep ᵤgoing up.
(2) The ₐvillagers considered the ᵢtravelers ᵤto their friends.

問2　それぞれの英文には，1か所ずつ間違いがある。訂正箇所を記号で示し，正しい英語を1語で書きなさい。
(1) They ₐhad the ᵢroof of their house ᵤblow away ₑby the typhoon.
(2) The conclusion ₐis ᵢwhere we ᵤmust make more ₑefforts to accomplish our goals.
(3) I'm sorry ₐthat I. ᵢhave ᵤkept you ₑwaited for a long time.

> 問1(1)は正答が1つになるよう下線を変更しました。問1(2)はconsider A as Bの知識を問えるよう，下線を変更しました。

【解答】問1 (1)　ア well
　　　　　　(2)　ウ as
　　　　問2 (1)　ウ blown
　　　　　　(2)　イ that
　　　　　　(3)　エ waiting

> 今回は，助動詞・動詞句の知識を問う問題と，文法の知識を問う問題に分けました。1つの大問で語法・文法を測ってもよいですが，生徒へのフィードバックを考えると，問題ごとにテスト結果を解釈できる方が良いのではないでしょうか。<2.4.1節Q1参照>

1.4 中学：リスニングテスト

添削前

【1】[多肢選択式：中1]
指示文：日本に住んでいる外国人ヘレンのスピーチを聞いて，次の質問に対する答えとして正しいものを選び，記号で答えましょう。メモをとってもかまいません。

No. 1
質問：ヘレンは何曜日にテニススクールに行きますか。
答え：ア　She goes to a tennis school on Fridays.
　　　イ　She goes to a tennis school on Saturdays.
　　　ウ　She goes to a tennis school on Sundays.

【解答】ウ

> 選択肢が長くて，読むのが大変です。できるだけ短くしましょう。
> <2.3.2.1節 Q4参照>

【2】[日本語と英語のマッチング：中1]
指示文：これから放送される英語は，授業中のどのような場面で使用するのが最もふさわしいですか。語群から選び，記号で答えなさい。英語は2回ずつ放送されます。

語群
ア：前を向いてほしいとき　　　　イ：赤ペンを手に持ってほしいとき
ウ：急いでほしいとき　　　　　　エ：黒板を見てほしいとき
オ：絵を見てほしいとき　　　　　カ：静かにしてほしいとき
キ：「犬」を英語でどう言うかを　ク：「犬」を英語でどう書くかを
　　教えてほしいとき　　　　　　　　教えてほしいとき
ケ：今日は何曜日かたずねるとき　コ：今日の日付をたずねるとき
サ：今の時刻をたずねるとき

> 記号の振り方は適切ですか？
> <2.1.2節 Q1参照>

> 選択肢の並び順は適切ですか？
> <2.3.2.1節 Q4参照>

> 選択肢が多いですね。処理しきれるでしょうか？
> <2.3.2.1節 Q3参照>

添削後

【1】［多肢選択式：中1］（指示文略）
No. 1
質問：ヘレンは何曜日にテニススクールに行きますか。
答え：She goes to a tennis school on (　　).
　　ア　Fridays.
　　イ　Saturdays.
　　ウ　Sundays.

【解答】ウ

> 選択肢の重複している部分をまとめることで，見やすくなり，答えのポイントがハッキリしました。これにより生徒は読む量が減り，聞き取りに集中できます。
> <2.3.2.1節 Q4 参照>

> 選択肢が多すぎると，選ぶのに時間がかかってしまう恐れがありますので，数を減らすことが一番です。しかし，それが難しい場合には別の工夫が必要です。この問題でしたら，学習効果も考えて機能別に分けて提示することで，探す負担を減らすこともできます。指示文にも工夫が必要です。

【2】［日本語と英語のマッチング：中1］
指示文：これから放送される5つの英文は，授業中に①【何かをたずねる】，②【教室での活動】，③【注意する】，④【英語についてたずねる】のどれかの場面で使用されるものです。放送された英文は，どのような場面で使用するのが最もふさわしいか，A～Kの中から選び，記号で答えなさい。英文は2回ずつ放送されます。放送前に語群を確認する時間が15秒あります。①～④の場面や，その中のA～Kをしっかり確認しておきましょう。

語群
①【何かをたずねる】
　A：今日は何曜日かたずねるとき
　B：今の時刻をたずねるとき
　C：今日の日付をたずねるとき
②【教室での活動】
　D：赤ペンを手に持ってほしいとき
　E：絵を見てほしいとき
　F：黒板を見てほしいとき
③【注意する】
　G：前を向いてほしいとき
　H：急いでほしいとき
　I：静かにしてほしいとき
④【英語についてたずねる】
　J：「犬」を英語でどう言うかを教えてほしいとき
　K：「犬」を英語でどう書くかを教えてほしいとき

> 記号は横ではなく縦に並べた方がわかりやすいです。また選択肢が日本語のため，記号がカタカナだと選択肢と重複したり見分けにくくなる可能性があります。アルファベットや数字を用いる方が無難です。<2.1.2節 Q1 参照>

添削前

【3】[応答問題：中1]
指示文：これから放送する英語を聞いて，それぞれの文に続く最も適切な表現を，ア～ウの中から記号で選んで回答欄に書きなさい。

＊会話文も選択肢もすべて音声のみ
No. 1
A: *Hi. I'm Sakura.*
B: *Hi. I'm Ichiro.*
A: *Nice to meet you.*
B: ア *No, I'm not.*
　　 イ *It's cloudy.*
　　 ウ *Nice to meet you, too.*

【解答】ウ

> アとイの錯乱肢を工夫して，「もっともらしい」ものにしましょう。会話本文とほぼ同じ表現を正答肢にしてしまうと，迷うことなく正解する可能性が高くなります。特にリスニングが苦手な生徒は同じ表現が使われているというだけで選ぶ傾向があります。
> <2.3.2.1 節 Q4 参照>

【4】[絵のマッチング：中1]
指示文：次の英語での質問に対して，絵に合う応答をア～ウより選びなさい。

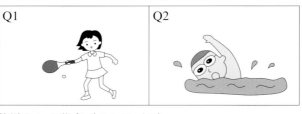

放送される英文（スクリプト）

Q1	Q2
Is Miki playing tennis?	*What sport does your father play?*
ア　*Yes, she does.*	ア　*He likes baseball.*
イ　*Yes, I am.*	イ　*He plays the piano.*
ウ　*Yes, she is.*	ウ　*He likes swimming.*

【解答】Q1　ウ
　　　　Q2　ウ

> 絵の情報がなくても，正答が選べる文法問題になっています。絵を見て答える形にすることでコミュニカティブな形式にすることができます。
> <2.1.2 節 Q2 参照>

> Q1 の Miki や Q2 の your father は適切でしょうか？誰のことを指しているのか混乱するかもしれません。

> 質問文と選択肢の組み合わせに問題があります。質問文では play が使われていますが，正答肢ウでは swim が使われています。しかし，play swimming とはいいません。play に対して like で答えられるかも検討が必要です。

添削後

【3】[応答問題：中1] （指示文略） No. 1 A: *Hi. I'm Sakura.* B: *Hi. I'm Ichiro.* A: *Nice to meet you.* B: (　　　　)	選択肢例1（難易度低め） (A) *Nice.* (B) *Nice meeting you.* (C) *Nice to meet you, too.* 選択肢例2（難易度高め） (A) *Same again.* (B) *Same here.* (C) *Same to you.*

【解答】選択肢例1　(C)
　　　　選択肢例2　(B)

> 一見簡単そうに思える会話表現でも，選択肢を工夫することで，難易度の調整ができます。<2.3.2.1節 Q4 参照>

【4】[絵のマッチング：中1]（指示文略）

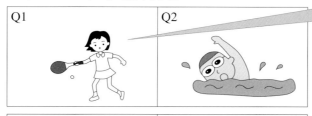

Q1	Q2
Q1 What is the girl doing? (A) *She is eating lunch.* (B) *She is playing tennis.* (C) *She is reading a book.*	Q2 What did the man do last Sunday? (A) *He went skiing.* (B) *He went surfing.* (C) *He went swimming.*

【解答】Q1　(B)
　　　　Q2　(C)

> Mikiをthe girlに変え，絵を見なければ，答えられない設問にしました。Mikiを使う場合は，絵に名前を入れるなどの工夫が必要です。

> Q1と同様に，主語を一般的なthe manに変えたので，誰のことを指しているのかで混乱することはなくなります。<2.1.2節 Q1 参照>

> 選択肢をすべてgoと共起するスポーツにして，さらに /s/ で始まる語に揃えました。これらにより，しっかりと音を聞きとり，語を区別する必要がある設問になりました。<2.2.4節 Q1 参照>

1.4　中学：リスニングテスト

1.5 高校：リスニングテスト

添削前

【1】［多肢選択式：高1］

指示文：アナウンスを聞いて，その後放送される3つの質問に答えなさい。

音声指示「あなたはエジプトへのツアー旅行の途中です。行きの飛行機内での機内放送を聞いて，その情報を基に3つの質問に解答してもらいます。音声は一度しか流れません。なお，このセクションでは，まとめて解答を答案用紙に記入する時間は与えられません。それでは，始めます。」

放送される英文：A cabin crew: *Hello and welcome to Egypt. I hope that you had a comfortable flight, but I'm sure that you're feeling tired. Soon, you'll be able to relax in your own room, but before that, I'd like to tell you a few things about Egypt. Please pay attention to my announcement.*

One thing is that Egypt is a Muslim country, so please respect their faith. Many things you think of as normal, such as wearing revealing clothing, are frowned on. So try to be careful about your attitude. You should consider the religious differences.
（続く）

No.1 Question:
Why should the tourists be careful of their behavior in Egypt?
a. Because they are not faithful to the people in the Egypt.
b. Because the religion they have may differ from the one Egyptian have.
c. Because they don't respect their culture.
d. Because it's the first time for them to visit Egypt.

【解答】b

> 放送を聞かなくても，常識から答えが予想できます。正解はbかdだと判断できてしまいます。
> <2.3.2.1節Q4参照>

> 選択肢が長く，読むのが大変です。また長い選択肢は情報が多く正答になりやすく，ヒントにもなっています。
> <2.3.2.1節Q4参照>

【2】［ディクテーション：高1］

会話を聞いて，空欄に入る語を答えなさい。

A: Hello. This is Mark ァ(　　　). May I speak to Keiko?
B: This is Keiko speaking. Hi, Mark. How are you?
A: Fine, thanks. I'm going to go to a soccer game this ィ(　　　).
　 Do you want to come with me?
B: That ゥ(　　　) great! I'd love to.
A: OK, ェ(　　　) don't we meet at the ticket gate at two o'clock?
B: OK. Thank you for ォ(　　　). See you then.

【解答】ア speaking　イ weekend　ウ sounds　エ why　オ calling

> ア，ウ，エは，聞かなくても答えられそうなところが空欄になっていて，リスニング力を測りにくくなっています。<2.2.4節Q1参照>

添削後

【1】［多肢選択式：高1］
指示文：アナウンスを聞いて，その後放送される3つの質問に答えなさい。

> 選択肢の語数をできるだけ揃えました。さらに2つの錯乱肢を「もっともらしく」するために，(B)は本文中のnormやdifferencesと関連がありそうなものに，(C)はエジプトという国から生徒たちが連想しがちなものにしました。どちらも本文とは関係のない内容ですが，聞き取った語句から無理に答えを類推するという，受験者が理解できない時に取りがちなテスト受験ストラテジーを利用し，誤答選択肢を作っています。<2.3.2.1節 Q4参照>

例1 Question:
Travelers should wear modest clothes in Egypt to (　　).
　(A) adjust themselves to the country
　(B) distinguish themselves from Egyptians
　(C) protect their skin from strong sunshine

例2 Question:
What type of clothing should tourists wear in Egypt?
　(A) Conventional
　(B) Comfortable
　(C) Conservative

【解答】例1　(A)
　　　　例2　(C)

> 2つの質問例を作成しました。どちらも読む量を減らすために3択にしてあります。質問文は，一読して意味がとれるよう短くわかりやすい表現を心がけました。また誤読を避けるために，選択肢の記号を小文字から大文字に変更しました。<2.3.2.1節 Q4参照>

> 例1よりもさらに語数を減らし，選択肢を語頭がcで始まる若干難しめの単語で揃えました。語数に加え，形や難易度も揃えることで，より「もっともらしい」錯乱肢になります。<2.3.2.1節 Q4参照>

【2】［ディクテーション：高1］
これから放送される英文を聞き，ア〜エに入る語を1語書き取りなさい。音声は3回流れます。1回目は通常の速度で，2回目はそれぞれ空欄の後に5秒のポーズが入り，3回目は再度通常の速度で流れます。

A: Hello. This is Mark speaking. May I speak (　ア　) Keiko?
B: This is Keiko speaking. Hi, Mark. How are you?
A: Fine, thanks. I'm going to go to a soccer game this (　イ　).
　　Do you want to come with me?
B: That sounds great! (　ウ　) love to.
A: OK, why don't we meet at the (　エ　) gate at two o'clock?
B: OK. Thank you for calling. See you then.

【解答】ア to　イ evening　ウ I'd　エ ticket

> 英文をどのように放送するかを明記することが重要です。<2.2.4節 Q1参照>

> 空欄の位置を変えました。アとウは弱形の機能語，イとエは放送を聞かなければ答えられない内容語が答えになっています。<2.2.4節 Q1参照>

添削前

【3】［情報転移（聞いた情報を理解し，図と関連づける形式）：高1］
指示文：下の地図はある町の簡略化された地図です。これからその道のりについての音声 No. 1～No. 8 が流れます。地図上の現在地から考え，それぞれの音声が指示する場所を A～X で答えてください。
＊音声は1度しか流れません。
＊解答を答案用紙に記入する時間は音声 No.8 が終わった後に 60 秒与えられます。

音声指示「このセクションでは，問題用紙の地図上の A～X のうち，音声の説明がどこを指しているのかを回答してもらいます。問題は No. 1～No.8 まで 8 題あります。また，このセクションでは音声は一度しか流れません。それでは始めます。」

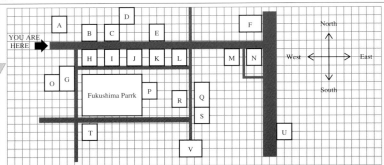

<解答メモ欄>

No.1	No.2	No.3	No.4	No.5	No.6	No.7	No.8

スクリプト（問題文）（各問題間のポーズは約5秒）

No. 1　It's just next to the Fukushima Park.
No. 2　It's located between H and J.
No. 3　It's behind G, and a little bit far from the road.　　　（続く）

【解答】No. 1　P
　　　　No. 2　I
　　　　No. 3　O

左側コメント（上）： 細かく指示が書かれているので，安心感があります。メモ欄を設置するという配慮もいいですね。

左側コメント（下）： 探す場所が多く，認知的な負荷がかかりすぎています。英語が聞き取れても，場所を特定できず，正解にたどり着けない生徒がいるかもしれません。<2.3.2.2 節 Q3 参照>

下部コメント： 探す場所が多く複雑な一方で，一文を聞いて解答する形式だと簡単すぎます。またスクリプト（問題文）が地図を用いた情報を聞き取る英文として，適切であるかを検討する必要があります<2.3.2.2 節 Q3 参照>。地図上に YOU ARE HERE とあり，そこからの視点の設問を作りたかったのではないでしょうか。

添削後

【3】[情報転移：高1]

指示文：下の地図は Fukushima Park の案内図です。これから Fukushima Park 内の施設について説明が放送されます。地図上の現在地から考えて，音声が示す①～⑥に該当する施設をア～キの中からそれぞれ1つ選んで答えて下さい。

＊音声は1度しか流れません。
＊解答を答案用紙に記入する時間は放送終了後に60秒与えられます。

音声指示「このセクションでは，音声を聞いて，問題用紙の地図上の①～⑥がどの施設を指しているかを解答してもらいます。解答はア～キの中からそれぞれ1つ選んで答えて下さい。音声は1度しか流れません。それでは始めます。」

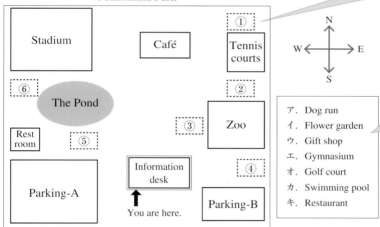

（吹き出し）現実にありそうな地図にするため，また見やすくするために，建物の名前を入れました。<2.1.2節 Q2 参照>

（吹き出し）自動的に答えが決まらないようにするために，テスト項目（6つ）と選択肢（7つ）の数が一致しないようにしました。<2.3.2.2節 Q3 参照>

＜解答メモ欄＞

①	②	③	④	⑤	⑥

スクリプト

Welcome to Fukushima Park. We are now standing here at the information desk. I will give you a few directions so that you don't get lost and you know where to find some of the facilities.

*No. 1: Go past the **information desk** and go straight till you reach the north side of the **café**, you will find **the flower garden** on your right. It's near the **tennis courts**.*

（続く）

（吹き出し）このような地図を用いたテストは，現在の位置から目的地までのルートを聞き取れるのかを測定したいのだと思います。そのためには，問題文を現在地から出発して，道案内（移動）で使用される動詞（例：go）や方向を表す表現を用いて聞き取る必要のあるスクリプトにします。

【解答】①＝イ

1.6 中学：ライティングテスト

添削前

【1】[中1] 下の絵はある一日の生活を表したものです。自分の生活だとして，架空の日記を書きなさい。ただし，絵は何をしたかを表すためのもので性別は関係ありません。（2点×4）

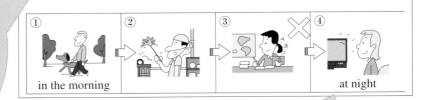

配点が書いてあり，わかりやすいです。「性別は関係ない」とあり，厳密な書き方でよいですね。書く状況の設定をすると，実社会で使える能力を測りやすくなります。
<2.1.2節Q2参照>

一方で，いくつか不明瞭な点もあります。1コマにつきどのくらいの量を書けばよいのでしょうか？問題用紙や解答用紙上にその指示はあるでしょうか？ in the morning 等を使うのは必須ですか？ルーブリックは決めていますか？ それは生徒に周知済みでしょうか？ 3コマ目の×印の意味は，生徒は簡単に理解できるでしょうか？<2.2.3節Q1参照>

授業で行った活動と似ている設問でしょうか。そうならば，状況設定がない現状の形で問題ありません。しかし，そうでないならば，状況設定がほしいところです。

【2】[中3] 次の日本語の質問に対して，英語で答えなさい。また，その理由が問われている場合は，理由も挙げなさい。
　　（ヒント☺　becauseで理由の文を始めること！）

1. あなたはどこの国に行きたいですか？その理由はなんですか？

2. あなたは将来，何になりたいですか？また，なぜそれになりたいのですか？

3. あなたは週末，たいてい何をしていますか？

理由を書く文とそうでない文があり，複雑です<2.1.2節Q1参照>。Becauseで始める文は話し言葉としては正しいですが，書き言葉では間違いとされています。ヒントから I want go to China. Because I like China. のような文が出てきそうです。

添削後

【1】[中1] 下の絵は，毎日の習慣を表したものです。I eat lunch. のような形で，自分の生活をALTのMike先生に伝える文を，絵に基づいて書きなさい。ただし，絵は何をしたかを表すためのもので，性別は関係ありません。(2点×4) ＜絵は省略＞

条件：①各コマ5語以上書きなさい。ただし，ピリオドなどの句読点は語数に入りません。②3コマ目の×印は「～しなかった」ことを意味します。③絵の下に英語がある時にはその語句を使いなさい。

① _____ (/2点)＜②〜④は略＞

◆ルーブリック（生徒には詳細すぎるため，一部のみ生徒に提示）
2点：状況設定に合った形でわかりやすく説明している。
　例：① In the morning I walk my dog. ② I clean my room（または school）. It is dirty. ③ I do not use maps. ④ At night I watch TV.
1点：英語として理解はできるが，状況設定（生活を描写＋絵の条件）に一部合っていない（絵の様子を思い浮かべることができない）。または指定語句を使っていない。5語未満。
　例：① I am with my dog in the morning. ② I am in my room. または Cleaning. ③ I sing ABC song. ④ I watch TV.
0点：理解が困難。状況設定に全く合っていない。
　例：① I like this picture.

【2】[中3] 次の日本語の質問に対して，5語以上の英語で答えなさい。
　　（ヒント☺　because を使って理由を説明！）　　　　＜②略＞
①あなたはどこの国に行きたいですか？その理由はなんですか？
③あなたは週末，たいてい何をしていますか？それはなぜですか。
① _____ (/3点)＜②〜③は略＞

◆ルーブリック（例以外を生徒に提示）
3点：理由を挙げ，わかりやすく答えている。
　例：① I want to go to Taiwan because I have not been there.
2点：理由を挙げているが，一部わかりにくい。授業で強調した点（例：want to 動詞の原形）の文法間違いがある。
　例：① I want to go to Taiwan because it is good. または I want go to Taiwan because it is famous.
1点：理由がない。または文法の大きな間違いがある。
　例：① I want to go to Taiwan. または I want to Taiwan because it is famous.
0点：理由がなく，かつ文法の大きな間違いがある。
　例：I want to Taiwan.

（注記）
- 「Mike先生に伝える文」と対象者を指定しました。＜2.1.2節 Q2参照＞
- 何語書けばよいかの指示をつけました。そうすることで，生徒はどの程度書くべきかがわかります。＜2.2.3節 Q1参照＞
- 全体的なわかりやすさの観点のルーブリックを作りました。採点しやすくなり，生徒にフィードバック時に使えます。＜2.2.3節 Q2参照＞
- ヒントを修正しました。そうすることで，Because I like China. のような誤った文が減ります。
- すべて理由を書く設問にし，シンプルにしました。＜2.1.2節 Q1参照＞

1.6　中学：ライティングテスト

添削前

> 現実的かつ具体的な場面設定でよいですね。ですが、ルーブリックの一部は生徒に公開した方がよいのではないでしょうか。
> <2.1.2節 Q3参照>

【3】[中3] 私たちの中学校のホームページに英語版の中学校の紹介を載せ、地域の外国人の方にもっと○○中について知ってもらいたいと思います。そこで皆さんに○○中学校紹介の英文を書いてもらいます。学校の自慢できる点を挙げ、その理由も含めて書いてください。
(注：解答用紙は16行分。使ってよい8つの語句を提示している。)

◆ルーブリック：生徒には公開しない

> (1)はIntroductionの有無を問うのみで、その内容に関する記述がないですが、学習段階を考慮したとしても、質の基準を入れておいた方が指導に役立つのではないでしょうか。

	(1) Introduction (Intro)があるか	(2)段落に関連するMain Idea(MI)が書けているか	(3)Main Ideaに対する詳細（理由）が書かれているか	(4)接続詞・接続語を適切に使っているか	(5)文章構成がしっかりとした構成か
1	Introなし	各段落のMIがない	詳細がMIを支持するものになっていない	接続語を適切に使っていない	文章全体の構成がわかりにくい
2	Introあり	各段落のMIがわかりやすく書かれている	詳細がMIを支持するものになっている	接続語を適切に使っている	文章全体の構成がわかりやすい

> 判定基準は原則「ある・ない」の2段階になっています。特に評価規準(2)と(3)は各段落で判断できるため、「ある」段落と「ない」段落が出てきそうです。例えば、第一段落にはmain ideaがあるが第二段落にはmain ideaがない場合は、どう評価するのでしょうか？全段落でできていなければ2の場合、2段落書いた人の方が、1段落書いた人よりも、2の評価が取りにくくなっていないでしょうか。多く書いた生徒が不利になるような基準は避けたいものです。<2.2.3節 Q2参照>

添削後

【3】［中3］私たちの中学校の…＜途中略＞学校の自慢できる点を2個以上挙げ，その理由も含めて書いてください。

◆ルーブリック：生徒には観点のみ公開

	(1) Introduction (Intro)	(2) Main Idea (MI)	(3) 詳細 (理由等)	(4) 接続語 (接続詞)	(5) 文章構成
1	Intro なし	MI がない段落がある	詳細がない段落がある	接続語が必要なところに使われていないことがある	文章全体の構成がわかりにくい
2	Intro があるがテーマにあっていない	MI は全段落にあるが，わかりにくい点がある	詳細がすべての段落にあるが，MI を支持していないものがある	接続語が必要なところに使われているが，使い方に間違いがある	文章全体の構成にややわかりにくい点がある
3	Intro がありテーマにあっている	全段落にわかりやすいMI がある	詳細がすべての段落にあり，MI を支持している	接続語が必要なところに使われており，使い方も適切	文章全体の構成がわかりやすい

注：(3) MI を支えていない詳細2の例：My school has many old trees. They are famous. I enjoy playing with animals.（第3文の動物の話は木の話と直接関係ない）
(5) 文章構成にわかりにくい点がある2の例：全部を1段落で書いている。段落があってもインデントがなく段落の判別がしにくい。

> (1)のルーブリックを改訂し，Intro の質に関する記述を設けました。
> ＜2.2.3節 Q2 参照＞

> 2段階の判定基準から3段階に変えました。もし詳細すぎて採点に時間がかかり過ぎる場合には，①1と2の評価を1，3の評価は2とするなど段階を減らす，②(4)と(5)を合わせて文章構成の中で接続語の要素も見るなど，評価規準を減らす，③授業の主な目標に入っていない規準を省略する等もできます。

1.7 高校：ライティングテスト

添削前

状況設定がいいですね。<2.1.2節Q2参照>

【1】[高3] あなたは動物が大好きな人の立場とします。インターネット上で動物愛護団体のキャンペーンで世界中から動物虐待に反対する訴えを集める取り組みを見つけ，なにか投稿したいと思いました。そして，あなたは世界中に伝えたいので，日本語ではなく英語で書くことにしました。その訴えを5文以上で書きなさい。

(評価) 25点満点，減点方式，5文以下一文につき5点減点，意味が伝わらない文3点減点，スペルミスか文法間違い1つにつき1点減点。

文の数，内容，スペルミス・文法と多くの観点が入っているため，採点がしにくくないでしょうか？生徒にも十分伝わる表記になっているでしょうか？<2.2.3節Q2参照>

【2】[高1] 自分の将来の夢について80字程度で述べなさい。ただし，以下の3つを含めて書きなさい。
(1) 将来就きたい職業，やりたいことは何か。
(2) なぜそう考えるのか。
(3) その夢をかなえるために今後すべきことや，やろうと考えていることは何か。

ルーブリックがないと採点がぶれませんか？<2.2.3節Q2参照>

添削後

【1】[高3] あなたは<u>動物が大好きな人</u>の立場とします。インターネット上の動物愛護団体のキャンペーンで，世界中から<u>動物虐待に反対する訴え</u>を集める取り組みを見つけ，なにか投稿したいと思いました。あなたは世界中に伝えたいので，日本語ではなく，英語で書くことにしました。その訴えを以下の条件で書きなさい。

条件：
5文以上書いたか。
具体例や理由を伴い，また内容が分かりやすく，説得力があるか。
適切な語句・文法を使用したか。

文の数	内容	語彙・文法	合計
/3点	/6点	/6点	/15点

◆ルーブリック

	文の数	内容	語彙・文法
3	5文～	効果的な具体例や理由を伴い，分かりやすい。かなり説得力がある。	適切な語彙・文法を使用。
2	3～4文	具体例や理由を伴い，分かりやすい。説得力がある。	おおむね適切な語彙・文法を使用。
1	1～2文	具体例や理由を欠き，分かりにくい。	適切な語彙・文法の使用が少ない。

注：内容，語彙・文法の点数を2倍する。文の数よりも重視したいためである。

> より分かりやすくするためにポイントを強調しました。
> <2.1.2節Q1参照>

> ルーブリックを生徒に提示しました。そうすることで生徒が採点の観点やより良いライティングを意識して書くようになります。
> <2.1.2節Q3と2.2.3節Q2参照>

【2】[高1] 自分の将来の夢について，80語程度で書きなさい。ただし，以下の3つを含めること。(6点満点)
(1) 将来就きたい職業，やりたいことは何か。
(以下略)

◆ルーブリック

6	条件4つ（語数・(1)～(3)の3つの内容）を完全に満たす。独自性，表現力に富む。考えが十分に伝わる。
4	条件4つのうち2～3つを満たす。独自性，表現力にやや欠ける。考えは問題なく伝わる。
2	条件4つのうち1つを満たす。独自性，表現力に不十分な点が多い。考えが伝わりにくい。
0	条件を4つのうち1つも満たしていない。考えが伝わらない。

> 総合的（holistic）評価の例ですが，分析的（analytic）なものも作ることができます。
> <2.2.3節Q2参照>

添削前

> 「ALTに採点を依頼」とありますが、指導と評価に関する共通理解はできていますか。採点基準は文ごとに2点を与えていますが、一貫性はどう判断しますか。
> <2.2.3節 Q2 参照>

【3】[高2] あなたが環境保護のためにしていることを3文以上の英文で書きなさい。（6点）

3文以上の場合のみ採点する。3文を各2点で6点満点。ALTに採点を依頼。スペリングミスは減点せず、内容の一貫性を重視。

> 指示が複雑ではないですか。もっと分かりやすい指示にできませんか。<2.1.2節 Q1 参照>

【4】[高2] あなたがShotaまたはMikiになったつもりで、相手を説得する英文を3文書きなさい（書き出しの文は文の数に含まない）。Shotaはhomemade dietを、Mikiはfast foodを支持しています。また、下にShotaまたはMikiのおかれた立場が書かれています。ただし、どちらの立場にしても [importance, allow] の2語を必ず用い、使った箇所に下線（　）を引きなさい。

＊書き出しの文：Hello, I'm (Shota / Miki).

Shota:	Miki:
I am a student and live alone	I work until late and live with my family.
I have much time to prepare meals.	I am too busy to prepare meals.
I am against fast food.	I am for fast food.
I love homemade diets.	My house is near fast food restaurants.

> 表にして内容を制限している点が良いですね。ただ、情報を与えすぎではないでしょうか？これだと、この文をそのままコピーして解答の形にできてしまいそうです。<2.2.3節 Q1 参照>

添削後

【3】[高2] あなたが環境保護のためにしていることを、3文以上の英文で書きなさい。トピックセンテンス（TS）と具体例を用い、内容が一貫するように気をつけなさい。(8点)

	文の分かりやすさ	内容の一貫性
2	理解可能な文	TSと例があり、関連している
1	理解に困難な点がある文	TSと例があるが、関連が弱い
0	無回答。理解できない文	TSと例が関連していない。どちらかがない

注：「文の分かりやすさ」は書いた文の中で最も分かりやすい3文を選び、1文ごとに採点（2点×3文で6点満点）。理解可能ならば、文法ミスは減点しない。内容の一貫性を重視

例（生徒に提示しない）

計8点：I try not to use too much water and electricity. For example, I always turn off the light when nobody is in the room. I also try not to take a bath or shower every day, but instead, once a week. I might smell a bit, but I am an earth-friendly person.
（3文以上書き、全て分かりやすい→6点、TSと例が関連している→2点）

計5点：I try not to use too much water and electricity. For example, I always get up early. I also eat a lot.
（3文以上書いているが、2文目と3文目は分かりにくいため1点ずつ減点→4点、TSと例が一部関連していない→1点）

計2点：I try not to use too much water and electricity. For example, I did not up. I will use it.
（3文以上書いているが、2文目と3文目は意図が分からない→2点、TSと例が全く関連していない→0点）

> ALTに採点を依頼する前に、CAN-DOリストやルーブリックを用いて、相互理解をはかりましょう<2.2.3節Q2参照>。一貫性を「トピックセンテンスと具体例に関連があること」と定義しました。

【4】[高2] あなたはShotaとMikiのどちらかになったつもりで、自分の主張を述べる英文を3文書きなさい（書き出しの文は文の数に含まない）。条件設定は次の通りです。
- ShotaまたはMikiの立場は以下の通り。
- どちらの立場でも [importance, allow] の2語を必ず用い、使った箇所に下線（＿）を引く。
- 書き出しの文は、Hello, I'm (Shota / Miki)．（ルーブリック・解答例：略）

Shota:	Miki:
— against fast food	— in favor of fast food
— live alone	— work until late
— have time to prepare meals	— too busy to prepare meals
— love homemade diets	— house near some fast food restaurants

> 情報の与えすぎを防ぐため、文でなくキーワードで提示しました<2.2.3節Q1参照>。

1.8 中学：スピーキングテスト

添削前

【電話の会話】[中3]

【指示文】
ALTと1対1で電話のやり取りをします。以下のレベルから1つ選びなさい。
A．ALTがスクリプトに基づきながら自由に会話をします。
B．ALTが3つのスクリプトから1つを選択して会話をします。
C．ALTが必ずスクリプト①を使って会話をします。

（注：スクリプト①〜③が生徒に事前に渡されている。スクリプトを見ながらやりとりをするか，暗記してやりとりをするかは，生徒が選択する。それぞれのレベルで評価が異なる。）

【スクリプト①】
You: Hello.
John: Hello. This is John. May I speak to Mr. Sato, please?
You: He is not at home now.
John: May I leave a message?
You: Sure.
John: Please ask him to call me back later.
You: OK. Call you back later. Is that all?
John: Yes, that's all. Thank you. Goodbye.
You: Goodbye.
注：スクリプト②，③は下線部のみが異なる。

【既習の表現（基本表現8＋α）】
1. Hello. Who's calling, please?
2. Hello. This is Mike.
3. May I speak to Mr. Nakamura?
4. Hold on, please.
5. I'm sorry. He is not at home now.
6. Can I take a message?
7. Yes. Please tell him to call me back.
8. OK. Goodbye.
9. Is your brother in?
10. Speaking.
11. May I leave a message?
12. I'll call you back later.
13. Would you speak more slowly, please?
14. Could you say that again, please?

（吹き出し1）レベルB・Cでは「教科書で学習した表現を暗記しているか」を測り，レベルAで少しだけ応用を入れて，暗記以外のスピーキング能力を測ろうとしているようです。「暗記した表現が使えるかを中心に測りたい」場合には，今の形式のままで良いと思います。もし「既習の表現を使って電話でやり取りをする能力」を測る目的であれば次の段階が必要です。その観点から右ページの添削案を出しました。

（吹き出し2）テストをコミュニカティブにするために，このスクリプトを基に，新しいやり取りを考えてみてはどうでしょう。スクリプトは生徒には見せずに，既習表現だけ提示しておきます。相手が次に何を言うかわからなくすることがテストをコミュニカティブにする方法の1つです。<2.1.2節 Q2参照>

（吹き出し3）レベルAを改善する形で，生徒の能力に応じて暗記を測った上で，よりコミュニカティブなタスクを与えてみてはどうでしょう。<2.1.2節 Q2参照>

（吹き出し4）これらの既習表現を使う新しい場面を考えてみましょう。また，13, 14の表現はWould you ...?, Could you ...?を学ばせる意図でなければ，より簡単な表現も提示してはどうでしょう。その方が実際の場面でより素早く簡単に使えます。例："13: Speak slowly please." "14: Pardon? / Sorry?"

添削後

【電話の会話】[中3]

【指示文】
あなたは今，家に1人でいます。あなたには医者の父（山川たろう），英語教師の母（はなこ），高校生の兄（たかし）がいます。これから電話がかかってきますので，うまく対応して伝言を受けてください。電話の後，下のメモを日本語で完成させてください。

メモ
電話の相手：
誰への電話か：
伝言：

【スクリプト①父への電話】
ALT: Hello. This is John Brown at Sakura Hospital. May I speak to Dr. Taro Yamakawa, please? （早口で話す）
Student: He is not at home now. （ALTは次のセリフに進む）
　　Would you speak more slowly, please? / Could you say that again, please? （ALTは前のセリフに戻りゆっくり話す）
ALT: Oh, I see. May I leave a message?
Student: Sure. （ALTは次のセリフに進む）
ALT: Please ask him to call me back as soon as possible. Is that okay?
Student: OK. Call you back as soon as possible. Is that all?
ALT: Yes, that's all. Thank you. Goodbye.
Student: Goodbye.

> 誰から誰に電話がかかってくるかわからず，どのような会話になるか生徒に予測がつかない形にし，即興で話す要素が多いように工夫してみました。伝言のメモを書かせることで，生徒にとってのやり取りのゴールを明確にしました。このようにすることでタスクがコミュニカティブになります。実施は実際の電話と同様に顔が見えない状態（または，見えないという設定で）で行います。
> <2.1.2節 Q2参照>

> 新しいスクリプトです。これはALT用で生徒へは配布しません。3パターン作り（父へ，母へ，兄への電話），ランダムに1人1つ実施します。難易度は下線部の内容で調節できますが，テスト中には変えないようにします。

> 途中で会話が止まってしまった場合の対処法も書いておいた方が，どの生徒にも同じ対応ができ，公平です。例えば，10秒沈黙があったら，同じ言葉でもう一度言う，ヒントの語を1語言うなどです。<2.2.2節 Q1参照>

添削前

【評価表（Listening & Speaking）】
　レベル A　すべて話が通じた　　　→合格 A
　　　　　　だいたい話が通じた　　→合格 B
　　　　　　ほとんど通じなかった　→不合格
　レベル B　すべて話が通じた　　　→合格 B
　　　　　　だいたい話が通じた　　→合格 C
　　　　　　ほとんど通じなかった　→不合格
　レベル C　すべて話が通じた　　　→合格 C
　　　　　　通じないこともあった　→不合格

> タスクの達成度（話が通じたか＋暗記）のみを見ており，その意図としては良いように思います。
> 　ただ，生徒に対する診断的フィードバックとしては少し不足しているように感じます。「タスクが達成できたか」の他に，言語形式の側面も測れます。
> 　授業で重要視している側面を測るので良いと思いますが，初級レベルなので，通じる発音で話せているかは見てあげたいところです。
> ＜2.2.2 節 Q1 参照＞

【評価表（Memorization）】
　何も見ない　　→評価＋
　見て行う　　　→評価－

> 厳密に言うと，スクリプトを見て話すのと見ないで話すのでは測っている能力が異なります。添削例では，見ないのを前提としたものを提案します。

添削後

【ルーブリック】

	メモ	会話	発音
3	3点のポイントがすべて正確にメモされている。	長い沈黙がなく，問題なく伝言を受け取っている。	
2	2点のポイントが正確にメモされている。	伝言を受け取っているが，5秒以上の沈黙がある。	
1	1点のポイントが正確にメモされている。	会話があるが，伝言を受け取っていない。	問題なく理解ができる発音である。
0	メモが正確でない。	会話がない。	理解が困難な発音である。

【評価表（生徒用）】

名前　_____

◇目標

_____

◇自己評価（よくできたところ，次に改善したいところ。言いたかったが言えなかった表現）

_____

◇ALTの評価

メモ	0	1	2	3
会話	0	1	2	3
発音	0	1		

◇反省と次の目標

> 生徒に細かいフィードバックを与えられるルーブリックにしました。「メモ」等でタスク達成度を見るだけでなく，英語能力も評価することが大切です（発音，「会話」での沈黙の有無の面での流暢さなど）。
> 　診断を目的とする場合には，テストはそれぞれの生徒のパフォーマンスを見られる貴重な機会ですので，できるだけ多くのフィードバックを与えたいものです。
> 　このルーブリックは事前に生徒に配布します。上の例のようにメモを採点すると，リスニング技能を測る要素も入ってきますが，スピーキングの技能だけに焦点を当てたい場合は，メモの代わりに文法や使用表現など他の要素を測っても良いでしょう。
> <2.2.2節 Q1参照>

> この評価表も事前に生徒に配布します。テスト前に自分の目標設定をさせ，テスト後には自己評価の機会を与えます。
> 　ALTは別紙に評価結果を記録し，その後評価を生徒に伝えます。生徒はその評価をこの表に記入し，反省点と次回の目標を記入します。ICレコーダーを各自持たせておくと，会話を再生して聞くことができ，振り返りやすくなります。<2.1.2節 Q3と2.4.1節 Q1参照>

1.9 高校：スピーキングテスト

添削前

【意見のプレゼンテーション】[高3] エッセイの暗唱テスト

① 【タスク】 How Can You Improve Your High School?

Is your high school a very good high school? Aren't there any problems? If there are, how can you solve them and improve your high school?

You will write a short essay about your school. The whole class will be divided into two groups of 20 students. You will make a speech in front of them and an ALT. After you make a speech, you will be asked some questions by the ALT (John).

1. Your speech should be about one minute long. (About 80 words)
2. After you make a speech, you answer a few questions for about one minute.

② 【プレゼンテーション原稿についての指示】
Choose a few good points and bad points. Follow the pattern and write a short essay.

○○ is a very good high school. (Talk about one or two examples.) However, there is one problem [there are two problems]. (Describe the problem(s) and suggest how you can solve it / them.)

Hand in your first draft and have mistakes corrected. Rewrite your essay and make the final draft. Practice reading it aloud again and again so that you can memorize it.

③ 【プレゼンテーション手順の指示】
a. Come up to the front desk.
b. Before they speak, put their manuscript on the blackboard behind them with magnets.
c. Make a speech in front of the audience.
d. Look at the audience and speak loud enough for everyone to hear.
e. When they forget what to say and stop, they can look back to refer to their manuscript.
f. After the speech, answer questions asked by the ALT.
g. While their classmates are making a speech, listen for the two kinds of information: the problem and its solution. Take notes on the worksheet, which they hand in at the end of the lesson.

左側の吹き出し（上から）：

プレゼンテーションを行う目的を提示してほしいところです。聞き手に情報を提供する目的か，説得する目的かを明確にするとさらに良いでしょう。＜添削後のタスクと2.1.2節 Q2参照＞

「プレゼンテーションの技能」を測るのであれば，異なる形式にする必要があります。まず，原稿を一字一句すべて暗記させる必要はありません。また，生徒の熟達度にもよりますが，文法や語彙の細かなチェックは，生徒が依頼しない限り行わないという方法もあります。＜2.2.2節 Q1参照＞

プレゼンテーションの前に自分の目標を書かせておくと良いでしょう。自分の目標を設定させることにより，自分自身のパフォーマンスを客観的に評価し，改善しようとする態度を身につけさせます。＜2.1.2節 Q3参照＞

プレゼンテーションでは原稿をうまく使うことが重要なスキルです。黒板に原稿を貼って，困ったときに振り向いて見ることは実生活の発表ではほとんどないため，原稿を前に置いて必要な時に見てもいい形にし，その上で聞き手の反応を見たり，ジェスチャーを加えたりさせる方がより自然な流れです。

右側の吹き出し：

詳細な指示があり，わかりやすいです。暗唱大会としてこのテストを行うのであれば，このままの形式で良いでしょう。

添削後

【意見のプレゼンテーション】[高3] エッセイの暗唱テスト

① 【タスク】 How Can You Improve Our High School?

We want to improve our high school to get more new students. To do so, we have to know the problems of our high school and how to solve the problems. In this class, we will have a presentation session to share our ideas about how to improve our high school. After the session, we want to make a list.

Please make a 1-minute presentation about (1) a problem of our high school and (2) a solution for that problem. Clearly talk about your ideas to John (ALT) and your classmates. After you make your speech, John will ask some questions about your ideas.

> プレゼンテーションを行う背景と目的をはっきりさせました。タスク等の説明は日本語で提示してもかまいません。プレゼンテーションに含めるポイントは，問題点と解決策を1点ずつに絞った方が良いと思います。そうすることで，生徒は問題点と解決策の羅列ではなく，それぞれを深く話すことが求められます。

② 【プレゼンテーションの準備について】

Prepare for your presentation in the following order:

A. Brainstorm your ideas.
B. Choose the biggest problem and its solution.
C. Write a script.
  ➤ Make an introduction, body, and conclusion.
  ➤ Use easy words. This is for a speech!!
  ➤ Show the teachers your script if you want comments.
D. Read it aloud and revise your script.
E. In your script, mark the parts where you want to (a) make eye contact, (b) make pauses, and (c) add emphasis.
F. Practice making a presentation. Remember that your goal is to tell your opinions to the audience. Present your opinions clearly and naturally.

> この部分は授業での指導とリンクさせる必要があるので，実際に指導した技能を見られるような指示にしてください。主にプレゼンテーション技能を測る場合は暗唱スピーチと異なり，原稿をうまく使わせるように指示しましょう。効果的なプレゼンテーションのためには，Eの指導と指示が重要です。<2.2.2節Q1参照>

添削前

④【評価基準】
A）Attitude and Eye Contact
    1　2　3　4　5
B）Pronunciation and Loudness
    1　2　3　4　5
C）Content
    1　2　3　4　5
D）Memorization
    1　2　3　4　5

> それぞれの基準の詳細な意味を提示する必要があります。また、それぞれの点数が何を表しているかをより詳しく書いて提示した方が良いでしょう。1, 3, 5点だけを詳細に書くという方法もあります。点数を受け取った生徒がどのような努力をすれば良いかという情報を与えられるようにしましょう。授業で指導した重要事項を測るようにしましょう。<2.2.2節 Q1 参照>

> ALTによる質問への返答も評価しましょう。

⑤【プレゼンテーション後の指示】
今回の speaking test を受けて感じたことを日本語で書きなさい。

> より具体的な指示にした方が良いでしょう。また、次回の目標も立てさせましょう。生徒にとっても目標設定→実行→反省→目標設定のサイクルが大切です。<2.1.2節 Q3 参照>

添削後

③【Rubric: English version】Note. Underlining indicates the parts that differ from the level immediately below. （注：p. 38 の日本語版と内容は同じ）

	Content	Eye contact	Delivery	Answer to Qs
4	Talks about both problem and solution with examples or evidence. The solution can solve the problem, and is realistic and practical.	Looks at the whole classroom 3 times or more.	Speaks with clear pronunciation and moderate pauses. Pace is not too fast not slow.	Answers ALT's question(s) spontaneously and clearly, and gives enough information.
3	Talks about both problem and solution with examples or evidence. The solution addresses the problem.	Looks at the whole classroom once or twice.	Speaks with clear pronunciation. Moderate pause is missing, or pace is too fast or slow.	Answers ALT's question(s) clearly, and gives enough information.
2	Talks about both problem and solution. The solution addresses the problem.	Looks at part of audience (for example, only the teacher).	Speaks with clear pronunciation. Moderate pause is missing, and pace is too fast or too slow.	Answers ALT's question(s) clearly with short words or phrases.
1	Talks about both problem and solution, but the solution is not relevant to the problem.	Glances at the audience but eye contact is too brief.	Speaks with s heavy Japanese accent (e.g., *ando* ~, *thinku* ~). Voice is loud enough.	Answers ALT's question(s), but takes too long to answer.
0	Either the problem or solution is missing.	Makes no eye contact.	Voice is too quiet to hear.	Fails to answer ALT's question(s).

ルーブリックを詳細にしました。この提示例は分析的評価ですが，総合的評価のルーブリックで評価しても良いでしょう。ルーブリック作成において大切なポイントが2点あります。

①最高点の記述を見ればどのようなパフォーマンスが良いとされるかが分かる。

②自身の点数を見てどのようにパフォーマンスを改善すれば良いかが分かる。

ルーブリックは事前に生徒に配布し，説明をしておきましょう。日本語のルーブリックでもかまいません。また，生徒の実際のパフォーマンスを見てルーブリックに修正を加えることも大切です。生徒が陥りやすい間違いを中間の点数の記述に入れても良いかもしれません。

＜2.1.2節 Q1 と 2.2.2節 Q1 参照＞

添削後

④【ルーブリック：日本語版】
注：下線＝下のレベルと異なる点

	内容	アイコンタクト	話し方	質問への回答
4	例や証拠を挙げながら問題と解決案に言及している。解決案は問題を解決できるものであり，<u>現実的で実際的である。</u>	クラス全体を見ながら話している（<u>3回以上</u>）。	はっきりとした発音で話している。<u>適切な</u>ポーズをとっており，ペースも適切である。	ALTの質問に，<u>瞬時に</u>，はっきりと答えており，十分な情報を与えている。
3	例や証拠を挙げながら問題と解決案に言及している。解決案は問題を解決できるものである。	クラス全体を見ながら話している（<u>1〜2回</u>）。	はっきりとした発音で話している。<u>適切なポーズがない，またはペースが速すぎるか遅すぎる。</u>	ALTの質問にはっきりと答えており，十分な情報を与えている。
2	問題と解決案に言及している。解決案は問題を<u>解決できるものである。</u>	<u>クラスの一部分や一箇所を見て話している（例：教師のみを見ている）。</u>	はっきりとした発音で話している。適切なポーズがなく，ペースが速すぎるか遅すぎる。	ALTの質問にはっきりと<u>短い単語やフレーズで</u>答えている。
1	問題と解決案両方に言及しているが，<u>解決案は問題に関連がない。</u>	クラスの一部分を見てはいるが，<u>アイコンタクトが一瞬である。</u>	<u>強いアクセントで話している（ando～，thinku～など）。声が十分大きい。</u>	ALTの質問に答えているが，<u>答えるのに長く時間がかかっている。</u>
0	問題と解決案両方に<u>言及していない。</u>	アイコンタクト<u>がない。</u>	<u>声が小さく，聞き取れない。</u>	ALTの質問に<u>答えていない。</u>

> 自分のプレゼンテーションを振り返る際に，どのポイントを考えれば良いのかを挙げました。漠然とした回答や，厳しすぎる自己評価にならないように注意をしておきましょう。また，この振り返りはプレゼンテーションの評価に影響しないことも前もってアナウンスしておきましょう。<2.1.2節Q3参照>

⑤【プレゼンテーション後の指示】
1. ルーブリックを見て，自分のプレゼンテーションを評価してください。
2. プレゼンテーション前に書いた目標をどの程度達成できたかを具体的に日本語で書きなさい。
3. 次のプレゼンテーションでは，どのような点に気をつけたいかを書きなさい。

第 2 章

[理論編]
テスト作成に必要な理論を学ぼう

　本章は，テスト作成にあたって知っておきたい言語テスティングの理論をまとめている。テスト作成の原則，テストの作成・実施時の注意点，テスト形式，テスト実施後の注意点という節を設け，テスト作成から実施，実施後の扱いまでをカバーしている。第 1 章と第 3 章と関連づけながら，その理解を助けるような章とすることを意識している。第 1 章と第 3 章の実践編と第 2 章の理論編を行ったり来たりしながら読み進めてほしい。

2.1 テスト作成の原則

2.1.1 テストの種類

テストの分類の仕方には様々な方法がある。その1つが目的別に分ける方法であり、主なテストの種類として、熟達度テスト（proficiency test）、到達度テスト（achievement test）、診断テスト（diagnostic test）、レベル分けテスト（placement test）がある。それぞれのテストには以下のような特徴がある（Hughes, 2003）。

表1 テストの種類と特徴

テストの種類	特　徴
熟達度テスト	言語における能力を測定するテスト。特定のコースやカリキュラムによらない。
到達度テスト	言語の授業やコースにおいて生徒がどれくらい目標を達成したかを測るテスト。
診断テスト	学習者の強い点と弱い点を明らかにするために使われるテスト
レベル分けテスト	学習者をそれぞれの能力に応じたクラスなどに配置をするために行われるテスト

また、テストは以下のような側面から分類されることもある（Hughes, 2003）。

直接テストと間接テスト
◆直接テスト（direct test）と間接テスト（indirect test）
　前者は、測りたい能力を直接測るテスト（例：スピーキング能力を測るスピーキングテスト）。後者は測りたい能力を間接的に測るテスト（例：筆記による発音のテスト）。

独立項目テストと統合テスト
◆独立項目テスト（discrete point test）と統合テスト（integrative test）
　前者は、1つのテスト項目につき1つの要素を測るテスト（例：1つの問題で、1つの文法項目を問うテスト問題）。後者は、テストの回答をするために複数の言語能力を同時に統合しなければならないテスト（例：ディクテーション。2.2.4節参照；Henning, 1987）。例えば、ディクテーションやクローズテスト、インタビューなどがこのタイプのテストにあたる。最近では大規模な外部テストで技能統合型タスク（integrated task）が使われるようになってきており、定期試験などでもこの型のテストを行うことが推奨されている（2.2.6節，2.3.3節参照）。

　これらのテストは、連続帯の両端に位置するものであり、現実的には中間に位置するようなテストもある。その場合でも、意図した能力とテストで実際に測る能力が一致していれば特に問題はない。

集団基準準拠テストと目標基準準拠テスト	◆集団基準準拠テスト（norm-referenced test）と目標基準準拠テスト（criterion-referenced test） 　前者は，集団の中で他の受験者に比べてどこに位置しているかという情報を与えてくれるテスト。TOEFL，TOEIC，模試などがこのテストに分類される。またこの種類のテストは熟達度テストやレベル分けテストとして使用されることが多い。後者は，事前に設定した基準にどの程度到達したかという情報を与えてくれるテスト。定期テストはこの種類のテストである。この種類のテストは到達度テストや診断テストとして使用されることが多い。最近は集団基準準拠テストでも，目標基準準拠的な情報を，テスト結果（スコア・レポート）に含めることが増えてきた。
客観テストと主観テスト	◆客観テスト（objective test）と主観テスト（subjective test） 　前者は，評価者による採点における判断が求められない，つまり，誰が採点者でも同じ採点結果になるテスト（例：多肢選択式テスト）。後者は評価者の判断が求められるテスト（例：スピーキングテスト）。評価者により，採点結果が一致しない場合がある。
形成的テストと総括的テスト	◆形成的テスト（formative test）と総括的テスト（summative test） 　前者は，指導の一環として学期途中などで行い，指導や学習の改善に生かすためのテスト（例：小テスト）。後者は，指導の最後に実施し，そこまでに積み上げてきた知識・能力を評価するためのテスト（例：定期テスト）。1つのテストが形成的・総括的両方の目的を持つこともあり，どちらの程度が強いかで考える（Plakans & Gebril, 2015）。例えば期末テストは総括的要素が強いとしても，次の学期や学年の指導を改善するためにも使われるため，形成的要素もある。

> **Q1**：定期テストでは高い点が取れても，模擬試験（模試）では思うほど点が取れない生徒がいるのはなぜか。

A：　定期テストと模試において，(1) 問われる知識や技能が同じでも範囲が異なる，(2) 測ろうとしている能力が同じではない，などの理由からこのようなずれが起こることが多いと考えられる。受験者の心理的要因（例：日頃から慣れたテスト形式の定期テストだと落ち着いて受けられるが，模試だと形式も雰囲気も異なり，緊張してしまって力を発揮できない）の場合もあるが，ここではテスト自体に関連する要因に焦点を絞る。

到達度テストとしての定期テストと模試	定期テストと模試のどちらも「到達度テスト」に分類される。上述したように，到達度テストとは，一定の学習期間に英語の授業で指導した知識や技能を生徒が習得したかどうかを測るテストである（松沢, 2002）。その代表的な例が定期テストである。外部テストである模試も，進学に向け，特定の学年，あるいはそれまでに学習した知識・技能を測

る。定期テストと模試は同じ到達度テストだが，テスト範囲の広さが異なる。テスト範囲が「教科書の何ページから何ページまで」とかなり限定される定期テストに対し，「高校1年の学習内容」のようにより広い範囲が問われる模試では，生徒側の対応がより難しくなると言える。

定期テスト・模試で測る能力の違い

もう1つの原因は，定期テストで測っている能力と模試で測っている能力が必ずしも同じではないことである。例えば，学習指導要領に基づき，4技能を関連づけた活動を中心として英語の授業を行っているとする。その場合，定期テストでは授業で学習した知識・技能を評価するので，授業での活動をもとに，できるだけスピーキングやライティングを含めた4技能すべてを評価しなくてはならない。一方，模試では入試を念頭に，リーディングやリスニング，および部分英作文や文レベルでの英作文などのライティング能力の測定に焦点が当てられる場合が多い。つまり，模試で測ろうとしている能力の多くがリーディングやリスニングなどの受容的な能力や限定的なライティング能力であるのに対し，定期テストでは，スピーキングやライティングも含めた4技能をバランスよく測ろうとしている。また，同じ技能が対象でも，模試でライティングにおける文法的正確さ（言語についての知識）を測り，定期テストではライティングの分量（表現の能力）に重きを置いているような場合，2つのテストの結果は当然異なってくる。

このように，模試は定期テストよりテスト範囲がより広く，測ろうとする知識の対象範囲もより狭くなると考えられる。また，模試では定期テストほど授業での指導内容に沿った能力を測っているとは言えない。これらの要因により，模試では定期テストほど得点できないことが生じると考えられる。模試の得点が思うほどとれない生徒がいる場合，教員はその理由を生徒とともに冷静に分析し，適切なフィードバックや指導に生かしていくことが大切である。

> **Q2：校内テスト（定期テスト，小テスト）を効果的に活用するコツはあるか。**

到達度テストとしての注意点

A：到達度テストである点を考慮し，次の2点に注意するとよい。第1に，授業で学習していない内容（学習内容と直接関連のない高校入試問題や大学入試問題など）がテストに出題されていないかどうかである。上述したように校内テストは，授業での学習内容の理解度や身につけた技能・能力を測るテストである。生徒が授業で学習した内容の学習を一生懸命勉強しても，その内容や身についた技能・能力が評価されなければ生徒のテストや学習に対するやる気は低下する。つまり，マイナスの波及効果を与えてしまう（2.1.4節参照）。入試問題等の初出の英文や設問を出題する場合は，授業での学習内容や目標と十分に関連させた上で行うべきである。

学習した技能とテストで測る技能の一致の確認

　第2に，学習した技能とテストで測る技能が一致しているかどうかを確認する。授業で4技能のバランスを取った授業をしているのに，校内テストで測られるのがリーディングと文法ばかりでは，評価されない技能への生徒のやる気は低下する。ここでもマイナスの波及効果を与えてしまうことになる。学習へのプラスの波及効果を生み出すためには，学習到達目標に基づき，授業で指導した知識・技能をテストで測るようにする。そうすることにより，学習到達目標やシラバスに基づき，生徒は明確な目標を持って授業に臨み，授業で学んだ学習内容がテストで測られることにより，授業により熱心に取り組み，知識・技能が高まるというプラスの効果が生まれていく。さらに，うまくいかなかった場合には，生徒がどこでつまずいていたのかを診断することが容易にできる。生徒にとってテスト結果が有効なフィードバックとなるとともに，教員にとっても指導方法の適切を検証することもでき，次への有効な学習や指導につながるのである（2.4.3節参照）。

> **Q3**：英検やTOEIC，模試などの外部テストにはどのような違いがあるか。また，上手な使い方のコツはあるか。

テストの種類と測る能力・特徴から検討

　A：外部テストの違いについては，(1) テストの種類と (2) 測る能力や特徴から検討する。まず，テストの種類では，英検やGTEC for STUDENTS，TOEIC Bridge® など外部テストの多くは「熟達度テスト」に分類される。熟達度テストとは，英語を使って何かを行うことができる知識・技能の程度を測るテストで，特定の授業の内容や教科書などを前提としない（松沢，2002）。一方，上述したように模試は「到達度テスト」である。

　次に，すでに説明した模試以外で，中高生にとって身近な外部テストや大学入試と関連のある外部テストの一部について，測る能力と主な特徴を以下にまとめる。

表2　テストの測る能力と主な特徴

外部テスト	測る技能	主な特徴
Cambridge English	L, R, S, W	実生活のさまざまな状況における英語コミュニケーション能力を測るテスト。
実用英語技能検定（英検）	L, R, S, W*	英語圏における社会生活（日常・アカデミック・ビジネス）に必要な英語運用能力を測るテスト。
GTEC CBT	L, R, S, W	英語を使用する大学で活用する（アカデミックな）英語コミュニケーション力を測るテスト。
GTEC for STUDENTS	L, R, W, S*	日本人中高生の実践的英語能力を技能別にスコア型の絶対評価で測るテスト。

2.1　テスト作成の原則

IELTS	L, R, S, W	就学・就業するために必要な英語コミュニケーション能力を測るテスト。
TEAP	L, R, S, W	EFL環境の大学で行われる授業等で行う言語活動において英語を理解したり，考えを伝えたりする能力を評価するテスト。
TOEFL iBT®	L, R, S, W	北米の大学などの教育機関において英語を用いて学業を修めるのに必要な英語力を測るテスト。
TOEFL Junior® Standard	L, R	中高生を対象とした英語によるコミュニケーション能力（「聞く，読む」）を測定するペーパーベースのテスト。
TOEIC® LR	L, R	一般からビジネスまで幅広い英語によるコミュニケーション能力（「聞く，読む」）を測るテスト。
TOEIC® SW	S, W	国際的な職場環境において，効果的に英語でコミュニケーションするために必要な「話す，書く」能力を測定するテスト。
TOEIC Bridge®	L, R	初・中級者向けの日常的な英語コミュニケーション能力を測定するテスト。

（http://4skills.jp/qualification/comparison.html などを参考に作成）

注：GTEC = Global Test of English Communication. CBT = Computer Based Testing. IELTS = International English Language Testing System. TEAP = Test of English for Academic Purposes. TOEFL = Test of English as a Foreign Language. iBT = Internet-based test. TOEIC = Test of English for International Communication. LR = Listening & Reading. SW = Speaking & Writing. L = listening, R = reading, S = speaking, W = writing, * = 含まれる場合あり。

これらの異なる特徴を持つ外部テストを効果的に活用するため，次の3点に注意するとよい。

外部テスト活用の注意点

（1）外部テストの使用目的の明確化

どんな目的で外部テストを取り入れるのか明確にする。言い換えれば，どんな能力を測りたいのかをはっきりさせる。特定の学年で学習したリーディング，リスニングの能力を測りたいのか，日常で使う4技能を測りたいのかで，選ぶ外部テストは異なる。また，テストの結果をどのように使用したいのかも考えるとよい。生徒の今後の学習に役立てたい，指導の改善を行いたいなどの場合には，テスト結果を記述したスコア・レポートが充実したテストの方が目的に合うことになる。また，レベル分けテストとして活用する場合には，生徒を適切なレベルやクラスに分けられる弁別力を持っているテストがよい。

（2）目的に合った外部テストの選定

（1）の目的に合った外部テストを選ぶ。測りたい技能に加え，テストの種類（熟達度か到達度）や測りたい英語のタイプ（日常／社会生活での

英語，アカデミックな英語など）や返却物の内容の充実度を確認する。受験料も考慮事項ではあるが，目的に沿って選ぶことを忘れてはならない。

(3) テスト結果の有効活用

最後にテスト結果の有効活用である。多くの外部テストの多くは熟達度テストであり，英語力が得点やバンドで表示される。テスト結果の解釈は，各テストのスコア・レポートやホームページにあるスコアの目安などを参照するとよい。取得した得点をもとに，自分の英語能力の程度を知ることができる。また，これら熟達度テストの利点は，難易度の違い等を考慮して得点が調整されていることが多いため，過去のテスト結果と比較できることである。例えば，高校 1 年次 3 学期の得点と 2 年次 3 学期の得点を，より厳密に比べられ，その変化により英語力の伸びを実感することができる。

外部テストの特徴や測っている能力を知った上で，テストを活用することにより，生徒や教員が必要とする正確な情報を手に入れることができる。また，その結果を有効に使い，生徒のさらなるやる気と英語力の向上へとつなげていきたい。

2.1.2 テストの作り方

> **Q1**：テストはどんな手順で作ったらよいか。

A：表1の手順に沿って作ると，もれなく作ることができる。

表 1　テストの作成手順

(1) テスト細目（細目表）を作る 　　細目の中身：①テストの目的，②テストで測りたい能力（構成概念），③対象者，④テスト範囲，⑤テストの構成，⑥テスト形式，⑦実例，⑧実施方法や採点方法等
(2) テスト細目に沿って，出題部分を決め，テストを作る
(3) 解いてみて改良する

(1) テスト細目を作る

テスト細目（test specifications）とは，テストの設計図である。家を作る前には設計図を作り，慣れない料理を作る前にはレシピを手に入れ，授業を行う前には授業計画を立てるのと同じで，テスト作成時には設計図が必要である。

テスト細目がないと，漠然とした英語能力しか測れなくなる。授業で

＜欄外＞
テストの設計図
＝テスト細目

表2　テスト細目の例

◆全体
☆テスト使用目的：成績評価に使う。生徒の学習を促進する
☆測りたい能力：テスト範囲までの到達度
☆対象者：中2（1学期中間テスト）　　☆テスト範囲：教科書1〜20ページ
☆構成と形式：大問1〜5は筆記（45分）で，記述式と多肢選択式（二〜三択）。大問6は実技で筆記とは別に実施（1人5分）

大問	測りたい能力	小問	問題数×点＝配点	大問配点
1	聞く能力	1.1 概要理解 1.2 詳細理解	5×2＝10 5×2＝10	20
2	語彙知識	文脈に適した語を選ぶ	10×1＝10	10
3	文法知識	正しい語形を選ぶ	10×1＝10	10
4	読む能力	4.1 概要理解 4.2 詳細理解	5×2＝10 5×2＝10	20
5	書く能力	5.1 制限産出型 5.2 自由産出型	5×2＝10 10×1＝10	20
6	話す能力	6.1 制限産出型 6.2 自由産出型	10×1＝10 10×1＝10	20

注：テスト細目の作成に時間が取れない場合は，ここまでだけでも作成しておけば，全体像が把握しやすい。

大問	測りたい能力
1	聞く能力：遅めではっきりと話した短い会話を聞いて，概要と詳細を理解できる
2	言語（語彙）についての知識・理解：教科書の重要語句の意味がわかる
3	言語（文法）についての知識・理解：文法規則に沿った正しい語形がわかる
4	読む能力：教科書に関連した簡単な英文を読み，概要と詳細を理解できる
5	書く能力：教科書に関連した日常的な話題について，簡単な英語で書くことができる
6	話す能力：教科書に関連した日常的な話題について，簡単な英語で話すことができる

注：測りたい能力は授業目標やCAN-DOリストなどを使って，具体的なものを挙げるとよい。

◆大問1：リスニング問題

小問1.1　短い文章5種類×各1問×各2点＝10点	概要理解5問；選択式
小問1.2　長い文章2種類×各2〜3問×各2点＝10点	詳細理解5問；空所補充

☆背景・実施方法：使用場面と重要表現は教科書と同じ。詳細を変える。英文は2回流す。メモ可。
☆準備物：CDプレーヤーとCD，録音機器
☆記述式採点：部分点なし。英語の小さなスペルミスでは減点しない。

☆小問1.2 詳細理解の設問例：あなたは研修中の店員です。他の店員と客とのやりとりを聞き，詳細なメモを取るように言われました。空欄に合う日本語を書きなさい。英文は2回読まれます。聞きながらメモを取ってかまいません。
［スクリプト］客：I'm looking for a coat.
　　店員：How about this blue one? It's quite popular.
　　客：May I try it on? . . . This is too big for me.
　　店員：Sorry, but we don't have a smaller one. What about that green coat?
　　客：Well, that one looks nice but expensive. Thanks anyway.

メモ：客の欲しいもの：(1.　　) 【解答：コート】
最初勧められたものを買わなかった理由：(2.　　) 【解答：大きい（大きすぎる）】
最終的に買ったか：(3.　　) 【解答：買わなかった】

◆大問5：ライティング問題

小問5.1	制限産出型	形式：指定された教科書の表現を使って，文を書く
小問5.2	自由産出型	形式：テスト前に2問を予告。その中から1問を，一部変更して出題。

☆自由産出型例：あなたは，英語のインタビューで "Tell me about your future plan." と，自分の将来の夢について聞かれた時の答えを準備しています。4文以上の英文で書きなさい。ヒントの語は使わなくてもかまいません。[ヒント：talk／want／because]

【解答例】：I want to be a doctor because I want to help other people. I would like to be like my doctor. He has great skills.

☆ルーブリック（これの簡易版を，問題用紙上で生徒に提示。上の解答例は満点の例）

◇評価規準1：タスク達成度	◇評価規準2：文法・語彙
8点：(a) 自分の夢について伝えられている。(b) 理解できる文を4文以上書いた（長文・重文は別に数える。ただし，I think that... 等の複文は1文と数える）	2点：誤りがない。あっても，限定的
	1点：誤りが頻繁にある
	0点：誤りが多くて理解できない
6点：(a) を満たし，(b) を3文を書いた	
4点：(a) を満たし，(b) を2文を書いた	
2点：(a) を満たし，(b) を1文を書いた	
0点：トピックに合っていない。(b) を書いていない	

<その他の大問は省略>

テスト細目の利点	しっかり力をつけてきた生徒が，高得点をとれるとは限らないテストになってしまいがちである。細目を作ることで，テストのバランスが良くなる。テストで測ろうとする力が明確で，生徒は何ができて何ができないかがわかりやすいテストになる。また，2人以上でテストを作成する時に全体像を共有でき，良いテストかどうかの確認もしやすい。生徒や保護者等への説明資料としても使うことができる。さらに，共通の細目で定期テストを作ると，テストの比較が大雑把にしやすくなり，生徒の継続的な力の発達を追いやすい（ただし，厳密な比較をするには細目以外の点で工夫が必要である）。例として，テスト全体と，一部の大問の細目を表2に挙げる。 　テスト細目には詳細なものと簡易なものがある。表2の例は，比較的詳細なものである。もっと詳細なものには，提示する英文テキストの種類，長さ，難易度等が入る（Plakans & Gebril, 2015；さまざまな細目については中村，2011；Alderson, Clapham, & Wall, 1995を参照）。細目を詳細に作るのは時間がかかるが，一度作れば，以降は部分的に変更すればよい。以下，細目の中身について注意点を述べる。

テスト細目作成上の注意点	①テストの目的　目的としては，生徒の英語能力を確認して授業改善につなげること，生徒の強い点と弱い点を診断すること，成績をつけること，習熟度別クラスを作る時の資料とすることなどがあるが，教育面で重要なのは，学習促進のための目的である。テストを通して生徒の英語学習へ意欲を高め，生徒が学習することで英語能力が高まるように促すことが目的の場合が多い。
	②測りたい能力（テストの構成概念：test construct）　熟達度や到達度を測ることが多い（2.1.1 節参照）。英語能力全体や，技能ごとに設定したり，観点別評価では，「コミュニケーションへの関心・意欲・態度」「理解の能力」「表現の能力」「言語や文化についての知識・理解」を考慮して設定したりする（2.1.3 節参照）。CAN-DO リストやシラバス，学習内容とも照らし合わせ，テストで測る能力を決定する。特に伸ばしたい能力は測るべき能力として，テストに含める。
	③対象者と④テスト範囲　間違いのないように記述しておく。
タイトルに測りたい能力を明示	⑤テストの構成（test structure）　テストで測りたい力を反映するような構成にする。配点は，大問・小問ごとに考える。重視したい能力の配点は高くなるようにする。前ページ表 2 の大問の例では，語彙・文法は合わせて 20 点，他の能力もそれぞれ 20 点の配点である。指導でそのような重みで教えたためである。大問・小問それぞれにタイトルとして，②で考えた，測りたい能力を書き，テスト問題用紙にも記載する（例：【1】理解の能力を問う問題，【1.1】概要理解，【1.2】詳細理解）。それによって作成時に測りたい能力を意識でき，生徒も何を測るテストか理解しやすくなり，テスト後のフィードバックもわかりやすくなる（根岸・東京都中学校英語教育研究会, 2007）。
重視したい利点のある形式を選択	⑥テスト形式と⑦実例　測りたい力を測りやすいテスト（タスク）形式を選ぶ（2.3 節参照）。設問数を決め，実例を作る。設問数は 2〜3 個よりは多い方が信頼性を高く保つためによい（2.1.4 節参照）。実例を作ってみると，うまくいきそうかの見通しを立てやすい。テスト形式にはどれにも長所・短所があるため，それを考慮した上で，自分のテストの状況で最も重視したい利点があり，その形式の弱点が大きな問題にならない形式を選ぶ。テスト形式は，小問の中ではできるだけ統一した形式を使う。そうでないと，何を測っているかが不明確になる。
	伸ばしたい能力はテストに含め，形式はできるだけ現実社会のタスクに近いものを選ぶ（Hughes, 2003）。英語の表現力向上が授業目標ならば，語彙のテストでも，単語の意味でなく綴りを選ばせたり書かせたりする形式がよい。その語を使って文を書かせるなど，より自由度の高い設問

を増やせないかも考えてみる。一部自由回答形式にして配点を高くするだけでも，生徒に重要性が伝わりやすくなる。

　　テスト形式については，教師が好んでいたり，実施しやすかったりする形式を多く使いがちだが，授業で扱ったものの中から，意識的に多様なものを選ぶようにしたい。

多様な形式の選択

⑧実施方法と採点方法　生徒間や教員間で違いが出ないように，採点基準（ルーブリック）を記述しておく（それぞれの技能テストでの注意点は，2.2節を参照）。スピーキング・ライティングの採点で用いるルーブリックは，生徒がわかるような形でテスト前に提示するか，テストの指示に入れておく方がよい。しかし，教師用ルーブリックには，採点に役立つように詳細や例を多く載せるが，生徒用は単純化したもので十分である。

生徒に単純化したルーブリックを提示

　採点は，測ろうとする側面以外の面では，減点しないようにすべきである。例えば，現在完了形を使って文が書けるかのテストの場合には，*My father has been to Rusia for year. と書いた場合，焦点である has + 過去分詞形が正確に書けているため，Russia の綴りや years の文法の誤りでは減点しない。ただし，テストで減点しなくても，多くの生徒が間違えていた部分は，授業で触れた方がよい。

(2) テスト細目に沿って，出題部分を決め，テストを作る

出題部分の決定

　予告した範囲からまんべんなく出題する。語彙・文法・場面の重要項目リストを作り，網羅的に選ぶとよい。範囲の中で特に重要な章があれば，そこを重点的に扱うことも可能である。(a) テスト範囲の教科書本文を1枚にまとめ，(b) 重要ポイントに蛍光ペンで印をつけ，(c) 小問ごとに，表現・理解・残りの順に出題部分を決めるとよい（上山, 2014）。それに沿って設問を作る。

(3) 解いてみて改良する

作成したテストのチェックポイント

　テストは早めに作成して，見直す時間をとる。作成後に数時間は空けて，まずは自分でテストを解き，模範解答を作る。(1)⑤で設定した大問・小問のタイトルに挙げた能力が解く時に必要な設問になっているか（根岸他, 2007）／テスト全体として見やすいか／解きにくい設問はないか／他の設問にヒントがないか／量が適切か／配点がテスト用紙に書かれているか／記名欄や十分な解答欄があるか／正解が1つと設定した問題に，複数の解答がありえないか／認知的に負荷が高く，意図していない力を測ってしまっていないか。これらの点を確認し，修正する。次に，同僚に渡してテストを解いてもらう（Plakans & Gebril, 2015）。誰でも無意識に出題の癖を持っているもので，同僚とお互いのテストの検討をして初めて気づくテストの偏りもある。テスト細目も渡すことで，出題の意図を共有でき，改良しやすくなる。

(1) テスト細目作成から (3) 改良までの流れは，スムーズにいかないことも多く，何度も行ったり来たりして進めることが普通である。

> **Q2：テストをコミュニカティブにするにはどうしたらよいのか。**

現実世界との関連性

A： 3点に気をつけて作成する（根岸他，2007）。第1に，文脈を明確に示す。コミュニケーションの目的・場面・状況，例えば誰が誰に向けて伝えているかを，指示でわかるようにしておくべきである。第2に，Q1の⑥テスト形式でも触れたが，現実世界で起こりそうなテスト形式を選ぶ。第3に，テストで提示する英文も実社会で使いそうなものを選ぶ。例えば，p. 46 表2のテスト細目でのリスニングの設問例では，「研修中の店員」が「他の店員と客とのやりとり」を聞いている場面であり，やりとりの対象も明確で，メモを取るというテスト形式も，提示するスクリプトも現実にありうるものを使っている。同様にライティングの設問例では，インタビューに向けて準備するために書く設定であり，そこから，生徒からインタビュアーや視聴者などに向けて話すことが暗示されている。テスト形式もありそうな形をとっている。

コミュニカティブなテストの利点と欠点

コミュニカティブで現実世界との関連が強いテストは，真正性（authenticity）が高いと言われる（2.1.4節参照）。真正性は可能ならば高い方がよい。実社会で使える英語能力を測りやすく，指導時のコミュニカティブな活動とテスト形式が似ていると，良い波及効果も起きやすいためである。しかし，状況設定を入れることで，テスト形式はより複雑になり，日本語での設問提示だとしても，理解するために生徒に認知的な負荷がかかる。複数の知識や技能を問うことも多く，テスト設問は難しくなりやすく，何が理由で間違えたかの診断をするのが難しい。さらに，テストという性質上，現実社会での状況と完全に一致することはない。どの生徒にも同じテスト環境にするために，不自然に見える設定だとしても，信頼性（2.1.4節参照）を重視してある程度現実世界から離れたテスト形式にしなくてはならないこともある。そのため，コミュニカティブなテストにする方が望ましく，テスト作成時には意識したいが，すべてのテストをそうすべきなわけではない。

(a) 文脈なしで個別に知識や技能を測るテストと，(b) 文脈ありの現実世界のタスクに近いテストは，連続帯の両端ととらえられる。実際のテスト作成では，目的を考慮し，テスト全体として，また各小問・設問において，(a) と (b) の間のどこをねらって作成するかを意識して作るとよい（2.1.1節も参照）。語彙・文法テストでは，診断が主目的の場合には (a) に近い場合もあり（Alderson, 2005），コミュニケーションにおいて運用できる「言語についての知識・理解」を測る目的であれば，(b) 寄りになるだろう（NIER, 2011, 2012）。技能テストの場合は (b) 寄りになるのが望ましいと考える。

Q3：生徒へテストの予告をどのようにすべきか。

学習を促す予告方法

A： テストに向けて勉強する生徒を増やすためには，テストの実施計画・内容・形式（テスト細目の簡易版）と，問題例・予想問題，ルーブリック，またどんな対策が必要かを生徒に前もって伝えることが必要である（Hughes, 2003; 靜, 2002）。問題例を解くだけで勉強したと満足してしまう生徒も中にはいるため，なぜテストを行うのか，それに向けてどう勉強したら効果的か，将来英語を使う際に，これがどのように役立つのかを解説したり，考えさせたりすることで，さらなる学習を促す。新しいテスト形式を使う場合には，生徒が戸惑わないように説明したり，授業中に活動としてやらせてみたりするとよい。テスト前の授業の最後に，数分間取ってテスト勉強をさせてみると，勉強に取り組むハードルが下がり，生徒は自分が何をすべきかに気づきやすくなる。この方法は宿題でも使える。ただ，一度始めたら途中で止めるのを好まない生徒もいるため，生徒の様子を見ながら行う。さらに，予告後に目標を立て，テスト後に振り返って，また今後の目標を立て，そのプロセスを通して力を伸ばすというサイクルも意識させたい。

目標を立てテスト後に振り返り，また目標を立てる

　生徒は予想問題を自分で作ると，出題形式に注目し，設問の意図や解答時の注意点等に気づくことができる。良問は取り上げて褒めるとよい。

　一方，出る問題そのものをすべて予告すると，熱心な生徒は暗記で高得点を取るだろう。その努力は褒めてあげたいところだが，暗記だけで高得点を取れるテストは，暗記以外の，短時間で英文を自分で書く力や，即興で話す力，初見のテキストを見て授業で学んだストラテジーを使って読む力などが測れない。そのため，これらの力を測る時の妨げとなる。よって予告は必要だが，どの程度行うかは，生徒の状況を見ながら判断することになる（2.2.6.2 節の Q2 も参照）。上山（2014）には「テスト出るかもプリント」や過去問の提示などが提案されており，参考になる。

測りたい能力を測るために予告をどの程度行うか

2.1.3　観点別評価・CAN-DO リストとの関係

（1）観点別評価

　学習指導要領において中学校，高校外国語科の目標は，コミュニケーション能力を養うことであり，その目標に向け，①外国語を通じて，言語や文化に対する理解を深めること，②外国語を通じて積極的にコミュニケーションを図ろうとする態度を育成すること，③外国語を通じて，情報や考えなどを的確に理解したり適切に伝えたりする能力を養うことの３つを柱としている（文部科学省，2008, 2010）。外国語科の観点別評価は，「これら三つの柱からなる目標の達成状況を内容のまとまり（「聞くこと」「読むこと」「話すこと」「書くこと」）ごとに分析的に評価し，指導に役立てるための目標に準拠した評価である」（文部科学省国立教育政

評価の観点

策研究所教育課程研究センター［以下 NIER］，2012，p. 34）。高校外国語における具体的な評価の観点および趣旨は，下の図1の観点別評価のとおりである。中学校外国語についても，評価の観点はおおむね同様である。

《高校観点別評価》

コミュニケーションへの関心・意欲・態度	外国語表現の能力	外国語理解の能力	言語や文化についての知識・理解
コミュニケーションに関心を持ち，積極的に言語活動を行い，コミュニケーションを図ろうとする。	外国語で話したり書いたりして，情報や考えなどを適切に伝えている。	外国語を聞いたり読んだりして，情報や考えなどを的確に理解している。	外国語の学習を通して，言語やその運用についての知識を身につけているとともに，その背景にある文化などを理解している。

《CAN-DO リスト》

「英語を使って何ができるようになるか」という観点から，学習到達目標のうち，技能に関する目標を具体的に記述したもの。

図1　観点別評価と CAN-DO リストの関係

観点別評価は，学習の実現状況を分析的に評価するものであり，観点ごとに評価基準を設け，「十分満足できる」と判断されるものを A，「おおむね満足できる」と判断されるものを B，「努力を要する」と判断されるものを C などとする。その結果を蓄積し，A，B，C の数をもとに判断したり，A = 3，B = 2，C = 1 などのように数値化して蓄積したりして，各観点の総括を行う。コミュニケーションの関心・意欲・態度については，授業中の観察ばかりでなく，ワークシートやポートフォリオなどを併用するのもよい（NIER, 2012）。言語や文化についての知識・理解については，「単に知識を暗記しているといった評価基準ではなく，知識や理解が実際のコミュニケーションを目的とした言語運用に資する形で身についているかを問う評価基準」（NIER, p. 34）を求めており，中学校，高校のいずれにおいても，設定された場面に合わせて，英語を使った活動をさせた上で，知識・理解にあたる部分を評価するという踏み込んだものとなっていることに注意しなければならない。

実際のコミュニケーションで使える知識や理解を測る評価基準

「言語を用いて何ができるか」

(2) CAN-DO リスト

　CAN-DO リストとは，英語力育成のための目標を「言語を用いて何ができるか」という観点から具体的にリストの形でまとめたものである。文部科学省初等中等教育局（2013）によると，CAN-DO リスト形式の目標は，観点別学習状況の評価のうち，「外国語表現の能力」と「外

国語理解の能力」の評価について活用するのに適しているとしている（図1参照）。外国語能力の向上に関する検討会（2011）によってCAN-DOリストの設定や公表を求める提言が発表されて以来，中学・高校でCAN-DOリストの導入が進められている。各学校で作成するCAN-DOリストは，実際の英語使用場面ばかりでなく，学習内容や授業での活動を反映した学習到達目標となる。

CAN-DOリストから評価まで

Q1：CAN-DOリストをどのように評価に反映すべきか。

A： CAN-DOリストでまとめた学習到達目標をもとに，シラバス，授業，そして評価へとつながりを意識した評価となるようにする。

① CAN-DOリスト（学習到達目標）
↓
② シラバス（年間指導計画）
↓
③ 授業（指導）
↓
④ 評価（テスト）

図2　CAN-DOリストから評価までの流れ

図2で示したように，CAN-DOリスト形式で教科・科目の学習到達目標を設定する。それをもとにシラバスを作成し，目標を達成するためにどのような授業や評価を行っていくかの学習計画を立てる。その計画をもとに授業を実践し，授業で学習した知識や技能を評価する。以下は高校におけるCAN-DOリストから評価までの流れの具体例である。

① CAN-DOリスト（例：第1学年　コミュニケーション英語I）

話すこと
・聞いたり読んだりしたこと，学んだことや体験したことに基づき，情報や考えなどについて，話し合ったり意見の交換をしたりすることができる。

② シラバスへの反映

単元	題材内容	単元の目標	単元の評価規準
Lesson ○	海外に渡って成功を収めた日本人が，どのようにして自分の夢を見つけ，それを実現していったかについて，インタビューを通して紹介する内容。	外国語表現の能力	
		・人物についての説明を読んで，その内容を口頭で要約する。 ・読んだことに基づき，自分の将来の夢について話す。	・人物についての説明を読んで，その内容を口頭で要約することができる。 ・読んだことに基づき，自分の将来について話すことができる。

③授業への反映（単元計画）

単元	Lesson ○：（タイトル）
配当時間	8時間
単元の目標	1. ○○ 2. 人物についての説明を読んで，その内容を口頭で要約する。 3. 読んだことに基づき，自分の将来の夢について話す。
単元の評価規準	関心・意欲・態度　①○○ 表現の能力　②人物についての説明を読んで，その内容を口頭で要約することができる。 ③読んだことに基づき，自分の将来の夢について話す。

時間	ねらい	学習活動
1〜5	○○	○○
6	学習した語彙や文法事項等を活用して，本文を自分の言葉で要約したり自分の将来の夢について話したりする。	1. ○○ 2. ペアになり，メモに基づいて各セクションの内容を口頭で要約する。 3. 本単元で学習したことなどを参考にしながら，自分の将来の夢，その理由およびそれを実現するために必要なことについて考え，それらを伝えるためのポイントを簡単にメモする。 4. ペアになり，メモに基づいて，自分の将来の夢について伝え合う。

④評価への反映（スピーキングテスト）

テスト形式	インタビューテスト（2分）：教員が個々の生徒へ質問をする。
実施時期	Lesson ○の授業の7，8時間目に実施。
内容	1. 指定された3つのキーワードを用いて，本文全体の内容を口頭で要約する。 2. 自分の将来の夢について話す。
評価規準	1. 指定された3つのキーワードを用いて，本文全体の内容を口頭で要約することができる。 2. 自分の将来の夢について話すことができる。
判定基準	それぞれの評価規準について3段階で評価する。 A: 十分満足できる。 B: おおむね満足できる。 C: 努力を要する。

（文部科学省初等中等教育局，2013，pp. 20-21 をもとに作成）

CAN-DOリストを反映させた評価で大切なことが2点ある。第1に，目標とした技能（言語を用いて何ができるか）を測っているかどうかである。上述した①〜④の流れでCAN-DOリストに示された学習到達目標をテストに反映できれば問題はないが，常に忙しい教育現場ではいつの間にか③授業と④評価だけの流れでテストを作成しがちである。そこで重要になるのが，テストの設計図であるテスト細目の作成である（2.1.2節参照）。テスト細目を作成することにより，①や②を意識し，CAN-DOリストに示された学習到達目標を反映させたテストを作りやすくなる。

> テスト細目作成により流れを意識

第2に，評価する技能に応じた評価方法をとることが重要である。学習指導要領を反映させたCAN-DOリストには4技能がバランスよく含まれているため，筆記テストだけで4技能すべての評価を適切に行うことは難しい。特に，スピーキングやライティングのような産出技能の場合，スピーチやインタビュー，エッセイライティングなどのパフォーマンス評価や活動の観察など，学習内容や授業内活動に応じた評価が求められる。技能中心の目標を立てながら，評価は筆記テストのみとならないよう，CAN-DOリストを十分に生かした評価としたい。

> 筆記テストだけで4技能の評価は困難

● 2.1.4 テストに必要な要素：妥当性，信頼性，実用性

> **Q1**：「良いテスト」とはどんなテストか。

A：良いテストとは，妥当性・信頼性・実用性を備えたテストのことである。この3点をバランス良く備えたテストは評価に役立つ。

<u>妥当性</u>（validity）とは，教師がテストで測りたいと思う力（構成概念）が測れており，使用目的に合っているかである。4技能の英語力を測りたい時に，リーディング・リスニング問題しか入っていないのであれば，4技能全般を測れているかは疑問で，その点での妥当性は低いと考えられる。リーディングとリスニングのみの結果を英語能力と考えると，その2技能は不得意でライティング・スピーキングが得意な生徒が低い得点を取ることになり，不公平になってしまう。また定期テストでは，授業で指導した内容と，テスト細目やテスト内容が一致していない場合，妥当性が低くなる。

> 妥当性

さらに，テストの目的として，授業内容の定着を測るだけでなく，テストに向けて勉強させるという波及効果（washback）までを含むとする。波及効果とは，テストが学習や指導，また社会に与える影響のことである。波及効果には良い影響と悪い影響があり，その影響も長期にわたるものから短期間に限定されるものがある。テストとしては，長期的に良い影響があるものが望ましい。波及効果をテスト目的とする場合，テストを行うことで勉強時間が増えたり勉強に対する意欲が増したりしてい

> 波及効果

れば，妥当性は高いと言えるが，学習にプラスの影響がないのであれば，目的との整合性という点での妥当性は低いと考えられる。どんなテスト形式をテストで使うかでも波及効果は変わり，テストの妥当性の程度も変わる。教科書と同じ文章をテストで出し，数語を抜き，抜いた語が入る箇所を指摘させる形式を出すと，日頃から強調している音読との関連が明確になるため，生徒がさらに音読を行うようになる可能性がある。

　テストの波及効果は，テストを実施すればすぐに起こるかのように語られるが，実際には複雑なプロセスが関わる。複雑なプロセスの例として，4技能テスト導入を考えてみたい。一見，4技能を指導・学習で重視する良い波及効果が出そうである。しかし，読解力重視という信念が教師や生徒にあると，それ以外の技能はあまり重視されず，テストの有益な波及効果が直接現れないこともある。また，リスニングテストが行われると，リスニングの指導や学習の時間が増えそうだが，リスニングテストの難易度が適切でない場合，勉強しなくても高得点が取れたり，勉強しても高得点が取れなかったりすることで，リスニング指導・学習に良い影響を及ぼさないこともある。ただし，テストを有益な波及効果が起きやすい形にしたり，効果が起きるように働きかけをしたりすることで，教師や生徒の信念が変化し，実際にその波及効果を起こしやすくすることも可能であり，波及効果は十分に考慮すべきである。

信頼性　　テストが持つべき2つ目の条件は，信頼性（reliability）が高いことである。信頼性とは，「そのテストに信用がおけるか」という意味で誤って解釈されやすいが，専門用語で，テストを受けた状況や採点者，設問に関わらず，テスト結果が一貫しているかを意味する。例えば，リスニングテストで音声を録音せずに，教師がクラスごとに英文を読み上げていった場合，慣れてくると，無意識に読むスピードを速くしてしまうかもしれない。また，録音した音声をクラスごとに順に聞かせた時に，隣のクラス用の音声も聞こえた生徒が有利になることがある。このような，テスト実施方法や状況が生徒によって変わるときには，生徒たちの力を一貫して測れないことになる。

　採点でもルールを決めて行わないと，人や時期によって採点が変わることがある。どのように実施・採点されたかによって，大きく得点が変わる時には信頼性が低く，問題である。信頼性が低いということは，テスト結果が一貫していないことが多く，同じ能力の生徒を同じ能力と評価できていなかったり，異なる能力の生徒を異なる能力と評価できていなかったりする度合いが大きい。つまり，テストの誤差が大きいということである。誤差は小さい方が望ましいが，完全になくすことはできない。どんなに精度の高いテストでも，2～3点の差は誤差で簡単に起こり，あまり意味がないことを知っておくべきである（詳細は小泉, n.d.）。

実用性　　最後に，実用性（実行可能性，practicality, feasibility）は，確保できる時間や費用，労力の面でテストが作成・実施・採点・解釈しやすいかで

ある。そのために時間・費用・労力が十分に確保できなければ，実用性が低いテストである。

従来のテスト作成では，実用性を重視し，産出技能の評価を行わない理由として，実施・採点の面での実用性の低さがよく挙げられてきた。しかし，やり方次第で必要な時間や労力はある程度見つけられるため，実用性の低さを言い訳にせず，産出技能のテストを行うべきである。

妥当性・信頼性・実用性のバランス関係

これら妥当性・信頼性・実用性がすべて高いという完璧なテストは存在しない。3要素は，1つが高くなると，別要素が低くなるような関係にあるためである。例えば，定期テストで，スピーキングを教師と生徒の面接形式で，残り3技能を筆記形式で行うと，4技能テストとしては，スピーキングを入れない時よりも妥当性は高くなる。しかし，スピーキングテスト実施や採点では，共通の運用方法を決めても，疲労や主観的な判断によりぶれが生じ，信頼性は低くなる傾向がある。実施や採点に要する時間・労力は増え，実用性も低くなる。

テストは，測りたい力を測り，ある特定の目的のために使う道具であるため，それができているかを扱う妥当性が最も重要である。妥当性を高め，信頼性と実用性が低くなり過ぎないように意識しながら，3要素の総計が最も多く，テストが最も役立つ状態になるバランス関係を探すことが求められる（Bachman & Palmer, 1996）。そのバランス関係はテストの状況によって異なる。

スピーキングテストでのバランス

以下の図1は，面接形式のあるスピーキングテストでのバランス関係を示したものである。発話を実際に引き出すことから妥当性は高く，実施方法や採点基準がぶれないように練習し，適宜休憩を取りながら行えば信頼性はある程度確保されるが，実施や採点にかかる時間や労力は多く，実用性は低くなっている。しかし，3要素でバランスがとられ，役立つテストになっている。

一方，図2は，スピーキング力を測る時に，質問に対する英答を書く筆記形式で代用しようとした例である。文字を見ての採点の方が安定して採点でき，発話を聞く時間も必要ないため，信頼性と実用性は高くなるが，書かせるだけでは実際に話せるかは測りにくいため，妥当性は低くなり過ぎる。その場合には，3要素はテストを支えきれなくなり，有用なテストではなくなる。テスト細目を作る時に，測りたい力や測るべき力とテストを使う状況を考え，妥当性を重視しながらも，3要素が総合的に最も安定してバランスを保てるテストを考えることが重要である。

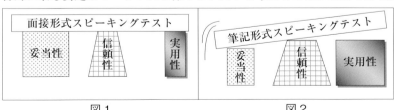

図1　　　　　　　　　　図2

> **Q2：妥当性は波及効果も含むため，複雑そうに見えるが，そうなのか。**

A： その通り。妥当性は3要素のうち最も重要だが，分かりにくいと言われる概念である。妥当性にはいろいろな要素があり，捉え方は研究者によっても異なることがある。信頼性も含んで妥当性と言うことも多い。また，テスト結果をどう解釈して，どう使うかによって妥当性は変わるため，テストそのものが妥当性を持つわけではない。そのため，テストの妥当性という言い方も厳密ではない。しかし本書では，分かりやすさを重視して「テストの妥当性」という用語を使う。次ページの表1に，信頼性も含めた妥当性の要素をまとめる（詳細は村山，2012; Plakans & Gebril, 2015 を参照）。

教育現場で重要となる妥当性の要素を検討

　表1の中で，教育現場で関連が強く，テスト作成後に確認したい点を太字にした。波及効果も，現実世界との関連（真正性：authenticity）も妥当性の一部であることに注意してほしい。妥当性を高めるには，妥当性の要素のどれを重視するかを考え，テストに組み込む。同時に信頼性・実用性や，妥当性の他の要素とのバランスを保てるような形でテストとして形にすることが重要である。

> **Q3：良いテストが作れたかどうかは，どうやって分析するのか。**

専門家の判断

A： 方法は大きく2つに分かれる。1つ目は，教師やテスティング研究者を含む，専門家の判断である。まずは同僚や，他校の教師や研究者に意見を聞く。また，生徒にテストの感想やどのように問題を解いたかを尋ねることもできる。例えば，リーディングテストで，英文を読まずに別なヒントで正解できたと複数の生徒が言ったならば，そのようなヒントが入らないように次回のテストで工夫することができる。表1で挙げた，指導内容・目標とテスト内容の検討もここに入る。

テスト結果の分析

　もう1つのテストの良さの分析方法として，テスト結果を分析する方法がある（2.4.2節参照）。どちらの分析方法も，表1で挙げた妥当性の観点から調べることになる（上山，2014のチェックリストも役立つ）。このような質的・量的な検討をすることによって妥当性の証拠を集めていき，最終的にテストの妥当性の程度が高い（または低い）と主張するプロセスは，妥当性検証（validation）と呼ばれる（Bachman & Palmer, 2010; Chapelle, Enright, & Jamieson, 2008）。テストを少しでも分析すると，問題点が分かり，次のテストを改善することができる。

表 1 妥当性の要素（平井・飯村, 2017, Messick, 1996; 水本, 2014 参照）

要素	確認ポイント
測りたい能力との関係（内容的要素）	・学習到達目標・テスト細目・テスト内容が一致しているか ・テスト内容が出題範囲から幅広く偏りなく出されているか ・テスト形式は，測りたい能力を測れる形式か ・テストの形式や状況設定，言語は現実社会で使うようなものか（現実社会との近さ：真正性があるか） ・テストとしての質が高いか（例：指示が明確か，適切な難易度か）
受験プロセス（本質的要素）	・テスト解答時に，意図したようなプロセスで生徒が解いているか（例：リーディング能力以外の力でリーディングテストに正解していないか）
テスト内の構造（構造的要素）	・設問同士，小問同士，大問同士の関係が予想通りか（近いもの同士での関係はより強く，遠いもの同士での関係はより弱くなっているか） ・測りたい能力が実際の点数の構造に反映されているか（例：4技能テストならば，背後にある構造（潜在的な因子構造）が4技能で分かれる形になっているか） ・採点方法やルーブリック，配点は意図通りの能力が測れるような形になっているか
信頼性（一般化可能性的要素）	・テストの項目間，採点者間，採点者内などで得点のパターン（順位づけなど）が一貫しているか ・項目間のパターンが一貫する程度まで項目数が十分あるか
他のテスト・基準との関係（外的要素）	・妥当性の高い別なテスト，または，何らかの関連がありそうなテストや基準（例：専攻・所属英語クラス・学習期間）との関係が予想通りか（測る能力が近いときには関連がより強く，測る能力が遠いときにはより弱くなっているか）
テスト使用（結果的要素）	・テストの使用目的に適したテストになっているか ・テストが学習や社会に良い影響を与えているか。悪い影響があるとしても限定的か。短期的・長期的な影響があるか（波及効果） ・良い波及効果が起きるように，事前に出題形式・内容を具体的に予告しているか ・診断がテスト目的の場合，テスト結果のフィードバックをしているか。それは正確で，分かりやすく，適切か。フィードバックを，生徒は学習に，教師は指導に活用しているか

2.2 テストの作成・実施時の注意点

2.2.1 定期テストと小テスト

定期テストも小テストも，テストの作成手順や注意点は共通している。しかし，定期テストでは総合問題がよく使われ，小テストでは授業の中で継続的に使われるなど独自の特徴もある。

> **Q1**：総合問題はテストとしては良くないと聞く。なぜいけないのか。

A：総合問題は一定の長さの英文内に下線や空所などのさまざまな形の設問があるテスト形式である。一般的に総合的な英語力または読解力を測る目的で，定期テストをはじめ，入試でも使われている。総合問題の例を挙げる。

(I) English is one of the most （ 1 ） used languages in the world. (ア) It is used not only in English speaking countries but also in others. The language is taught at school, and many universities offer courses in English. （ 2 ）, (イ) it is a common language in nearly every area of science and technology. People (あ) [in / fields / such] are required to communicate in English. If you want to be an （ 3 ）, you should study English very (II) hard. (ウ) Being good at English will help you learn about the latest research and developments in the field. Important discoveries or findings are (い) [always / almost / reported] and （ 4 ） in English language academic journals. (エ) No language is as powerful as English.

問1：(1)～(4) に入る適語を，記号で答えなさい。
　(1) ア．widely　イ．beautifully　ウ．luckily　エ．correctly
　　　　　　　　　　　　　　　　　【解答：ア】　((2)～(4) は略)
問2：下線部（あ）（い）を適切に並べ替えなさい。
　　　　　　　　　　　　　【解答：in such fields / almost always reported】
問3：二重下線部（ア）（イ）（ウ）（エ）を日本語に訳しなさい。【解答は略】
問4：下線部 (I) の語 English と第一アクセントの位置が同じものを1つ選びなさい。　　ア．survival　イ．orange　ウ．parade　【解答：イ】
問5：下線部 (II) の語 hard の下線部と発音が同じ下線部をもつ語を1つ選びなさい。　　ア．hurt　イ．heart　ウ．heard　　　　　　【解答：イ】

総合問題の懸念事項　　総合問題には主に3つの懸念事項がある（靜，2002）。第1に，多くの設問を詰め込むほど本文が加工され，英文が切れ切れになり，生徒にとって読みにくい英文となる。よって，読解力測定にも不向きになりがちである。第2に，解答がしにくい。上記の例では，どのように生徒が読むことを教師が期待しているかが不明確である。一読の後，設問を読み，問1の（1）に取り組むが，文頭の問4下線部（I）や，問3の二重下線部（ア）が目に付く。その後（2）に移り，解答するために前後を読む。（2）の直後に問3の二重下線部（イ）があり，気を取られる。このような読解過程は極めて不自然で非効率的である。英文で読む順番と設問で関わる箇所の順番が異なるからである。さらには設問ごとに解答言語・解答方法が異なり，英文の内容に加え，その点にも気を配る必要が大きくなり，好ましくない。形式に慣れればそれほど解きにくくないと思うかもしれないが，英語力以外が多く関わる，認知的に負荷の高い作業を強いていることを知っておくべきである。

　　総合問題の第3の懸念事項は，多面的に生徒の英語力を測ろうとするために，多くの知識や能力をテストしすぎてしまうことである。p. 60の例題の問1は前後の文脈に合う語句の知識を，問2は文法知識を，問3は内容理解を，問4と問5はアクセント・発音の知識をテストする意図のようだ。すべて授業内容と関連する重要な点かもしれないが，英語力の多くの点を一度にテストすることで逆に断片的に広く浅くテストすることになり，結果として何のテストかわかりにくくなりがちである。特に問2・問4・問5は，内容理解との関連が薄く，長文内で出題する意義がないだろう。また，さまざまな形式の問を使うとさまざまな要素を測れている気がしてしまうが，それぞれの知識や能力は1～2問でしか測っておらず，偶然に正解できた可能性も捨てきれない。そのため，生徒が何を習得できていて，何を習得できていないかを判断するには情報が少なすぎる。テスト結果を後の指導に生かし，生徒に有益なフィードバックをすることも難しくなる。限られた試験時間や設問数で効率よく生徒の英語力を測りたいという意図はわかるが，以上の理由から，総合問題は好ましいとはいえない。

　　では長文を使って問題を出したい場合は，どのような解答形式がよいのか。これについては，2.2.5節のリーディングのセクションのQ2で扱う。

> **Q2：小テストの作成と実施で特に注意するとよい点は何か。**

実施計画の重要性　　**A：**　実施計画を特に注意して考えたい。小テストは，定期テストと比べ，1回ごとでは成績に対する配分が小さく，影響力も小さいテスト（low-stakes test）である。その点で，入試のような影響力の大きいテスト（high-stakes test）とは大きく異なる。しかし小テストは，指導と関連させれば学習に直結する可能性がある点で軽視できない。小テストの

実施により，学習事項の定着や，参考書等で生徒が学習した語彙・文法等の習得を定期的に確認するだけでなく，テストを行うことで生徒を学習に向かわせ，学習内容・方法・習慣を定着させる（上山, 2015）という波及効果を期待することができる。

分散型反復学習を意図した計画

実施計画では，どんな内容の小テストを，いつ行うかを決める。語彙については，集中的に学ぶ（massed learning）よりも，ある程度の間を置きながら繰り返し学習する方（分散型反復学習：spaced learning）が長期的に単語を覚えることができる（Nakata, 2015; Nakata & Webb, 2016）ため，間を置いて計画する。文法や他技能についても同様と思われる。また重要事項は，1か月おきに同じ項目を何度も出すなどが望ましい。同じ設問を何度も出題すると，まじめに取り組まなくなる生徒も出てくるため，同じ事項をテストするとしても，下のように設問形式の難易度を変え，多肢選択式から，語句や文を書く自由回答式など，易しいものからより難しいものに変えて出題するとよい（相澤・望月, 2010 参照）。

［設問形式の例］
1回目：選べ。100万（trillion, million　答：billion）
2回目：書け。100万（答：million）
3回目：「100万」という語を使って文を書け。（解答例：I want to get a million friends.）

> **Q3**：小テストにあまり時間をかけられない。実施しやすくする方法はあるか。

A：2.1.4節で良いテストの条件として，妥当性・信頼性・実用性を挙げ，妥当性を重視しながらも，3要素が最もバランス関係を保てるテストを考えるべきだと述べた。小テストは定期的に行うため，実用性の確保が特に重要になる。

小テスト実施の工夫

小テストでできる工夫として，3点を挙げる。第1に，テスト用紙は毎回使えるように，必要事項（例：名前・日付・総得点）の欄以外は，番号と下線ぐらいのシンプルな形にする。印刷がまとめて行えるため，手間が省ける。第2に，採点は生徒同士や生徒自身でさせる。テスト直後に解答と自分の間違いを知り，誤った知識を修正しやすくなる。不正行為を防ぐため，毎回生徒同士などでなく，採点方法を適宜変えるとよい。

最後に，Moodle（https://moodle.org/）やGoogleフォーム（https://www.google.com/intl/ja_jp/forms/about/）などでテストを実施・自動採点したり，クリッカー（例：http://www.finewz.com/）と呼ばれる入力機器を使い，生徒に小テストの答えを入力させ，回答結果をその場で自動採点して，スクリーンに表示したりすることができる。自由記述式の設問が出題できない等の欠点はあるが，設問数を増やして妥当性・信頼性も高められる有用な方法である。

2.2.2 スピーキング

　学習指導要領では，4技能バランスの良い活動が求められ，これまでより授業でのスピーキング活動も増えてきている。そのため，これまで以上に適切なスピーキングの評価が求められる。しかし，スピーキングの評価は，教員への負担も大きい上に，スピーキングテストの作成や評価に不安を感じる英語教員も少なくない。このセクションでは，スピーキングテストの負担や不安を考慮に入れながら，より良いスピーキングテストを作成するための注意点について検討を行う。

> **Q1：スピーキングテストはどう作ったらよいか。**
>
> **A：**　スピーキングテストは，①テストの目的と測りたい能力（構成概念），②タスクの形式，③採点（評価）方法に注意して作成する。

(1) テストの目的と測りたい能力の明確化

目的と測りたい能力の確認

　テスト作成に際し，まず始めにスピーキングテストの目的とどのような能力を測りたいのかを明確にする。一般的に教育現場では，到達度テストとして生徒が授業で学習した知識・技能をどの程度身につけたかを測ることが目的になる。また，診断テストなど他の目的で使うこともある（詳しくは 2.1.1 節参照）。

　測りたい能力は，言語能力の場合が多いが，観点別評価の「コミュニケーションへの関心・意欲・態度」や「言語や文化についての知識・理解」なども評価対象となる（2.1.3 節参照）。中学校では，準備をしたスピーチ（prepared speech）ができることが目標の1つとなっている（文部科学省，2008）。また，高等学校ではコミュニケーション英語 I～III において互いに質問したり，意見を交換したりすることが目標になっているのに加えて，英語表現 I, II ではより現実の使用場面に近い即興でのスピーチも目標の1つとなっている（文部科学省，2010）。「準備すれば短いスピーチができる力」や，「質問する力」，「会話での対応力」，「即興で話す力」などは，テストで測りたい能力の例である。授業での到達目標や学習内容と照らし合わせ，テストで測る能力を決定したい。

(2) テスト形式の選択

形式選択での考慮点

　テストの目的が決まったら，次にどのようなテストを行うかを決定する。テスト形式は，モノローグ型（スピーチ，プレゼンテーションなど），教師との対話型（インタビューなど），生徒同士の対話型（ディスカッション，ディベートなど）の主に3つのタイプに分けられる（小泉，2015）。テスト形式の選択にあたっては，①測りたい技能を測るにはどのテスト形式が良いか，②授業で行った活動，または現実世界で実際に生徒が使

う活動に近い形式は何か，③実施しやすいのはどのテスト形式か，などを考慮して選ぶとよい。

(3) 採点方法の選択

項目独立型・項目非独立型の評価方法

評価方法としては，「項目独立型」と「項目非独立型」がある（根岸，2010）。項目独立型では，例えば教員が生徒に質問し，生徒がそれに適切に答えられたかどうかなど，各設問を正解・不正解で採点する。一方，項目非独立型は，ある程度まとまった発話を評価する評価方法で，スピーチやディスカッションなど，前項（2）に挙げた多くのテスト形式で使われる評価方法である。項目非独立型評価では，まとまった発話を総合的に評価する「総合的評価」と，発音，流暢さ，正確さなどのように評価規準（観点）ごとに評価していく「分析的評価」がある。学校で行うスピーキングテストの場合も例外ではない。「実証的に作成された，2択式，境界定義形式（EBB）尺度」（Turner & Upshur, 1996）のように，できるものとできないものを2択で選択していくことにより評価する方法もある（図1）。表1は，自分の意見（自分の将来の夢）を伝えるインタビューテストの評価に使用する総合的評価のルーブリック（rubric）の例である（NIER, 2012）。その他，ヨーロッパ言語共通参照枠（Council of Europe, 2001）のルーブリックなども参考にしたい（Brown, 2012; 小泉, 2016 も参照）。

総合的評価と分析的評価

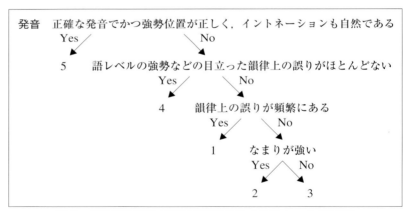

図1　発音の面での EBB 尺度例（Hirai & Koizumi, 2013）

表1　ルーブリック例（NIER, 2012, pp. 46-47 をもとに作成。下線部は筆者が加筆）

評価	評価のポイント
十分満足できる（A）	文法・語法等の誤りが少なく，多様な表現を用いて適切に内容を伝えることができる。
おおむね満足できる（B）	文法・語法等の誤りはあるが，自分の将来に対する希望や今すべきことについておおよその内容を伝えることができる。
努力を要する（C）	「おおむね満足できる（B）」まで到達していない。

> **Q2：少ない負担でスピーキングテストを取り入れるにはどうしたらよいか。**

A： スピーキングテスト実施時と，採点時の負担の面から検討する。

スピーキングテスト実施のための負担として，評価規準や判定基準の作成，評価者訓練，テスト時間の確保，テスト中の他の生徒のマネジメントなどが挙げられる。それらの負担を軽減する方法として大切なのが，テストについてのノウハウの積み上げと他の英語教員との協力である（深澤，2014）。スピーキングテストを個々の教員が単独で行うことは大きな負担となる。英語科として取り組むことにより，テストの実施の負担を複数の教員で分担できる。また，それを次年度に引き継ぐことにより，評価規準等の作成や評価者訓練の負担は大きく軽減されるとともに，これらのノウハウの蓄積は，テストの質の向上にもつながる。

英語科として取り組む

また，スピーキングテストをシラバス（年間指導計画）にあらかじめ入れておくと，スピーキングテストの時間を確保するために授業時間に遅れが出たり，授業時間をやりくりしたりする負担を大きく軽減できる。

さらに，テストの実施に際して，ALT などと協力したり，日本人英語教員同士でティームティーチングを行うのもよい。役割を分担して1人がテスト実施中心的に行い，もう1人が他の生徒のマネジメントをすることもできるし，クラスを半分に分けてスピーキングテストを実施し，テスト時間を半分にすることもできる。

テストと同時に採点も実施

評価における負担軽減のためには，できるだけテスト実施時に評価も行いたい。録音や録画をして後から評価するのは，時間の融通が利くとともに必要に応じて何度も聞いたり見たりすることができるが，授業時間に加えて長い評価の時間が必要になる。テスト時に評価も行うためにはあらかじめ，明確な評価規準や判定基準を作成しておくようにする。2分程度のスピーチであれば，評価規準は1～5観点に絞り，判定基準は3段階評価でもよい。

スピーキングテストを負担と感じないためにも，はじめは比較的簡単に実施できるテストを行い，可能な範囲で徐々に回数を増やしていくとよい。その経験をより大きなスピーキングテストにつなげることが可能であるし，生徒も徐々にテストに慣れることができる。

評価の観点には重要なもののみ入れる

また，実際のスピーキングテストにおいて生徒1人に割り当てることが可能な時間は，1～2分のことも少なくない。2分程度のスピーキングテストで，評価したいすべての観点を評価することは現実的ではない。評価の観点は授業で指導した（または，評価したい）重要なもののみに絞り，判定基準も細かくし過ぎないようにすると，負担の軽減だけでなく信頼性の確保にもつながる。英語教員にとって，スピーキングテストをより気軽で身近なものにすることにより，4技能のバランスのとれた評価につなげたい。

Q3：どのようにしたらより信頼性の高い採点となるか。

A： スピーキング評価の主な問題は，信頼性の確保である。信頼性を高めるためにできることを評価前，評価後に分けてまとめる。

（1）評価前

事前に信頼性を向上させるためにできることとして，評価は可能な限り複数の教員で行う。一般的に，生徒1人に対する評価者の数が多いほど，評価の信頼性は高まる。ALTなどとのティームティーチングの時間を活用したり，日本人英語教員同士でお互いに助け合ったりすることにより，複数の評価者の確保が可能である。時間的負担は増える場合もあるが，心理的負担は軽減され，安心して評価に臨むことができるので，事前に担当時間等の調整を行っておくとよい。[複数教員で高める信頼性]

しかし，実際には他の教員に評価者となることを頼むことが難しかったり，そもそもお互いに助け合う十分な時間がとれず，担当教員1名のみの評価になってしまうことも少なくない。そのような場合は，後述する評価者訓練が重要になる。

次に，明確な評価規準と判定基準の作成に加え，できればそれぞれの判定基準のサンプルを準備したい。NIER（2012）では，表1の判断基準の具体例を以下のように示している。下線部は，評価のポイントの1つである自分の将来に対する希望や今すべきことを示している。

「おおむね満足できる」状況（B）の例（NIER, 2012, p. 46）
*I don't know what to be in the future. If I can, I want to working for the international society. So, I need to find a way. I am going to study English harder to communicate others, … communicate with others in the world. Also, I need to improve my English and I need to know myself more.

さらに，評価者訓練（rater training）も信頼性の向上に役立つ。練習のつもりで気軽に試してみるとよい。評価者訓練は次のような手順で行う。①スピーキングテスト作成者がルーブリックの説明をする。②複数の教員でサンプルスピーチの録画を見て（または録音を聞いて），それぞれで各レベルの説明を確認しながら1人で評価してみる。③お互いに評価練習の結果を示し，結果に違いがある場合はディスカッションを行う。この手順を通して，教員同士が各レベルの判定基準を確認し，それを内在化させていく。迷ったり，ディスカッションを行ったりした点については書き留めておくと，実際の採点の際に参考になる。特に，授業担当教員1人で評価を行う場合，評価の一貫性（評価者間と評価者内での信頼性）を保つためにこのプロセスは重要である。話し合い後も不一致が解決しない場合，問題となる評価観点を削除したり，判定基準を修[評価者訓練で高める信頼性]

正したりすること（例：5段階を3段階に簡略化）などが必要である。

(2) 評価後

事後にも信頼性の確認のためにできることがある。スピーキングの採点終了後すぐ，最初や中間に採点したものを一部でもよいので再評価してみる。再評価により，同じ評価者の内的な基準が評価をしている間に変わったかどうか，つまり評価者内で基準が一貫していたかを確認することができる（小泉, 2015）。

> 採点したものを一部再採点

2.2.3 ライティング

ライティングはコミュニケーションの手段であるだけでなく，学ぶための本質的なツールである。また，ライティングができるということは教育や仕事の成功と大きな関係がある（Weigle, 2002）。そのため，国際化が求められる今日の教育現場において，第2言語によるライティングを指導・評価することは，非常に重要である。

では，中・高の教育現場において，どのようなライティング能力が求められているのだろうか。中学校学習指導要領（文科省, 2008）においては，語と語のつながりにはじまり，文と文のつながりなどに注意して，一貫性のある文章を書くこと，つまり談話（2文以上で意味を成すテキスト）レベルの作文が取り上げられている。さらに高校学習指導要領（文科省, 2009）では，1つの技能のみを単独に扱うのではなく他の技能と組み合わせた4技能の総合的な育成を目指している（望月, 2015b）。これらを反映し，授業や定期テスト，入学試験などにおいて，まとまった英語を書くことが求められる場面が増えている。

本節では，ある程度まとまった量の英語を書く自由産出型のライティングをより妥当に評価するためのライティングテストの作り方とその採点基準（ルーブリック）の作成において注意すべき点，そして授業でライティングに取り組む過程を評価するためのポートフォリオ評価について述べる（2.2.6.2 節，2.3.1 節参照）。

> **Q1**：ライティングテストはどう作ったらよいか。

A：書く能力をテストするには，実際に書かせることが必要である（Hughes, 2003）。ライティングテストは，スピーキング同様，①テストの目的と測りたい能力，②タスクの形式，そして③実施および採点方法を考慮して作成する（2.1.2 節参照）。

談話レベルのライティングでは，より実際の場面に即したタスクが設定可能である。授業の到達度テストとして実施する場合には，妥当性を考え，CAN-DO リストに基づいた到達目標に対してどのような指導を

> 到達目標に対して行った指導をふまえる

行ったのかをふまえることが大切である（2.1.3 節参照）。

例えば「日常生活について説明できる」という到達目標に基づき，Morning Activities という内容で自分が毎朝どのように過ごしているかについて，ペアで説明した後，お互いに質問をしあう活動を行ったとする。言語知識としては，時系列順に整理して説明するための，Signal words（例：First, Second, Next, Finally）を使い，パラグラフを整理して書くという点に注目させた。この授業活動に基づいて作成したライティングテストが次の例である。

> This is a note you took when you listened to Maki about her activities in the morning. Read the note and write a paragraph about the morning activities Maki does every day. You have to use signal words（ex. First, Second, Finally）in the paragraph.
>
> | Activities | 1 | do my hair (10 minutes) |
> |---|---|---|
> | | 2 | breakfast (rice, miso soup, not natto) |
> | | 3 | sunny = bicycle / rain = bus / go alone |

このテストでは，指導時の目標やタスクと一致し，かつ現実でも行いそうなものを設定した。質問文や指示文についてここでは英語で行ったが，生徒のリーディング能力によってライティングのパフォーマンスが左右されることもある（2.2.6 節参照）。与える指示やメモなどを日本語と英語のどちらで記述するかは，生徒の理解度を考えて選択するとよい。

授業に基づくタスク設定

タスクの内容は，授業に基づいて設定した。この例では，相手の発言をまとめて文章に起こすという設定で，内容をメモにして与える形をとった。テストにおいては，何を要求されているかが受験者にはっきりわからなければならないし，あまりに（受験者が）好き勝手に書くのを許してはならない（Hughes, 2003）からである。メモの内容は，授業における生徒の発表内容などを参考に作成した。このように文でなくキーワードを表の形で提示すると，再利用の際に取り出しやすいという利点（鈴木, 2009）があり，表現などの情報を与えすぎないことにもなる。指示文の中に 1 段落で書き，signal words を用いることも明示した。

語数は設定しなかったが，模範解答を実際に検討し，おおよその長さを条件の 1 つとして与えてもよい。規定語数以上の解答のみを採点対象とし，採点枚数を減らすことで，迅速な採点になり，見直しが可能になるからである。

ライティングのテスト時間を確保

実施方法についても考慮したい。定期テストで他の問題の量が多いと時間不足のためライティングに手をつけないこともある。問題の分量を加減しライティングに時間が取れるように配慮する，最初の 15 分をライティングテストとし 15 分経過時に回収する，定期テストでなく授業内のパフォーマンステストとすることなどが考えられる。

> **Q2：1人の答案を教師2人で採点するのは時間的に難しいのだが，ライティングテストはどう採点したらよいか。**

A： 複数名で答案用紙を分けて採点を行う場合，1人で採点するよりも効率的に採点を行うことが可能である。しかし，誰が採点しても同じ結果になる多肢選択式とは異なり，ライティングテストは採点者により結果が異なる。これは，経験や知識，性格などが採点結果に影響するからである（Weigle, 2002）。この影響を減らし，採点に一貫性を保つには次のような解決方法がある。

（1）ルーブリックを設ける

総合的評価と分析的評価

ルーブリックには1つの尺度を用いて全体に評価を与える総合的（holistic）評価と，言語表現のさまざまな側面を別々に採点する分析的（analytic）評価がある（Brown, 2012, 2014; Hughes, 2003; 望月, 2015c）。ここでは，観点別評価に準じ，「言語に関する知識」と技能としての「表現の能力」の2つに分けた分析的評価の一例が表1である。Hughes（2003）を一部参考に作成した。

表1　ルーブリックの例（トピック：Morning Activities）

評価	技能（タスクに答えられたか）	知識（言語的正確さなど）
A	朝の活動について，与えられた情報をもとに，十分に詳しく説明することができる。	Signal wordsを用い構成を意識している。時制を意識し正しく書くことができる。文法的な誤りはほとんどない。
B	朝の活動について説明しているが，一部（2つまで）伝わらない部分がある。	Signal words を用い構成を意識している。時制を意識し，おおむね正しく書くことが出きる。文法的な誤りが見られるが理解に支障はない。
C	朝の活動について説明しているが，伝わらない事柄が多い（3つ以上）。	Signal words と時制のどちらかを正しく用いることができる。文法的な誤りが目立ち，読む側に解釈の努力が要求される。
D	内容について，大半が伝わらない，課題に対して全く答えていない，無解答など	Signal words, 時制のいずれも正しく用いることができない。文法的な誤りが非常に多く，解釈が難しい。

注：知識についての条件は，記述すべてを満たしたもののみが該当する（例：Aに書かれた3点すべてを満たしてAになる）。

減点法を回避

ルーブリック作成時には，テストの目的は何かを考える。この例では，技能（与えられたタスクに答えているか）とともに，知識（言語的正確さ）を分けて記述した。言語的正確さを細かく記述しすぎるあまり，単なる間違い探しの減点法にさせないためである。減点法で採点すると，より多く英文を書いた生徒や新しい表現を積極的に使った生徒の得点が低くなることがある。授業で扱った文法事項や表現などに絞り，どのような

知識を評価するのかをあらかじめ想定しておくとよい。

　また，設問の配点が大きい場合，1点刻みで判定基準を記述するのが困難になることも考えられる。そのような場合には，A／B／C／Dなどのように，バンドでの評価基準を設定し，各バンド内で「20点満点中，Aは20〜16点，Bは15〜11点」などのように得点を調整するとよい。その他にも，A=3点，B=2点，C=1点，D=0点として採点しておき，重み付けによってその点数を2〜3倍するという方法などが考えられる。いずれの場合も，各評価に相当する答案を，スキャナなどを使ってストックし，それぞれの評価の典型例として採点者間で共有することで，評価者間の差を減らすことができる。

(2) 評価者間の採点一致度を確保する

評価者訓練の方法

　任意の枚数の答案をコピーし，採点者に配布する。この際，ある程度答案のレベルにばらつきが出る方が好ましいため，全体の枚数の20〜30%を目安とするとよい。これらの答案を各採点者が採点基準に基づき採点を行った後に，一旦その結果を並べて比較する。この際に解釈が異なった箇所については，お互いに意見を交換し，どのような基準にすればよいかを話し合う。意見を一致させた後は，残りの答案を別個に採点する。ただし，疑問が生じた場合は，その都度基準合わせを行う。最後にランダムに解答用紙を抜き出して，ずれが大きくないか確認するのが望ましい。

> **Q3：授業時に書かせた作品を評価したいのだが，何かよい方法はないか。**

ポートフォリオ評価の活用

A： 指導と評価の一体化によって，指導者が後の指導方法の改善を図る（2.1.3節，2.4.3節参照）のと同様，生徒が自らの学習を振り返り，効果的に学んだことを身につけていくのは大切である。そのため，ライティングの指導におけるポートフォリオ評価をお勧めしたい。ポートフォリオとは書類入れのことである。授業時に書かせた作品，下書きなどのほか，添削や書き直し（リライト）した後の完成作文などをまとめて入れておき，評価の際に資料とする。収録内容が増えるほど生徒・教師双方への負担が増えるが，生徒は自らを振り返ることができ，普段の教室における授業に良い影響を与えることが期待できる。学期ごとにポートフォリオをチェックし，その取り組みを点数化して成績に加えるなどの方法が考えられる。どの程度の割合で成績に加えるかについては，担当者間でシラバス作成の際に共通理解を図っておくとよい（詳しくは望月，2015c 参照）。

2.2.4 リスニング

> **Q1**：リスニングテスト作成時に，どんな点に気をつけたらよいか。

A： 2.3.2 節で紹介する多肢選択式やその他のテスト形式のように，リスニングテストはリーディングテストと多くの共通点がある。以下では，リスニングテストに特化した事項，特にテスト形式・設問提示のタイミング・放送回数を扱う。

（1）テスト形式

形式を目的・測る能力で決定

　テスト形式には多くのものがあるが，テストの目的や測りたい能力（構成概念）を決めてから，それに合う形式を選ぶ必要がある。例えば，聞き取りの誤りの原因を特定することが目的の場合には，正しく聴解し，書き取ることができるかを問うことができる，部分・全文聴解ディクテーション（dictation）が有効である。生徒の回答を見れば，聴解できなかった箇所，または聴解できたが書き取ることができなかった箇所が明確にわかり，生徒の定着度がわかるためである。

ディクテーション

　ディクテーションでは，部分的にしか聞き取ることができなかった場合でも前後の文脈から文法事項を補い回答することができ，聴解に単語・文法を加えた総合力を問うことができる。例えば 3 単元の -s，複数形の -s，所有格（her, him など）は通常は明瞭に発音されることはないため，聞こえないことが多い。そのような音声題材を使い該当箇所を空欄補充させることで，会話の前後からこれらの事項を補い書き取ることができるかをテストできる。3 単元の -s，複数形の -s などは基礎的な事項だが，限られた時間内に文脈に対応させながら書き出すのは決して簡単なことではない。知識を運用できるかを試す絶好の機会だろう。

　ディクテーションの空欄補充部を文単位にすれば，文単位での英文の理解をテストできる。長くなるほど聞き取りが難しくなるため，コロケーションなどをヒントに書き取る必要が出てくる。

情報転移

　ディクテーション以外のテスト形式としては，聞いた内容を表・メモ・要約としてまとめる，情報転移（information transfer; 2.3.2.2 節参照）もある。登場人物名などを空所補充にして測る力を厳密に定めることも，大枠を示してある程度自由に書かせる（例：各話者の意見とその理由を書かせる）こともできる。後者の採点では採点者間でぶれが生じやすいため，採点基準の明確化と採点者間での確認・調整が必要になる。

　可能な範囲で，1 つのテスト形式で数問用意し，複数の形式でテストを構成する方が，より適切な妥当性の高いテストになる。それぞれのテスト形式には特徴があるため，1 つの形式だけを用いると，測れる聴解力が限定されやすく，その形式が得意な生徒が高い点を取りやすくな

り，不公平になりやすいためである。

(2) 設問提示のタイミング

設問・選択肢の音声提示

テスト用紙に設問が書いてあり，本文を聞く前に読めるようにするかどうかも検討が必要である。そうすることで生徒に聞くべき箇所を焦点化させ，テストで問われている情報が聞き取れるかをテストできる。一方，日常生活では前もって聞くべき箇所がわかっていないことも多いため，そのような場面での理解度を測りたければ，事前に設問を提示することは避けるべきだろう。また本文だけでなく，設問も音声で提示する方法もある。多肢選択式であれば，設問に加え選択肢も音声で提示することも可能であるが，文字で提示する場合よりも難易度が高くなると言われている（Iimura, 2011）。したがって設問と選択肢ともに音声提示の場合は，記憶への過度の負担をさけるため，本文と設問と選択肢ともに短く，あまり複雑でないものにとどめるべきだろう。

(3) 放送回数

本文を聞かせる回数を検討する必要がある。内容があまり複雑でない場合や，概要のみを理解させる場合，ある程度既知の題材の場合には，一度聞かせるので十分かもしれない。しかし，内容が複雑な場合や，概要に加えて詳細部も問う場合には二度（以上）聞かせないと難易度が高くなりすぎる可能性がある。さらに，日常の場面では，聞き逃した内容を聞き返したり，駅の構内放送を繰り返し聞いたりと，二度（以上）同じ内容を聞くことは多々ある。このような状況での聴解力を対象とするなら，繰り返して聞かせる必要がある。たとえ繰り返し聞かせても，数字（値段や時間），固有名詞（名前や地名）などが設問に関わる場合は，聞き取りは難しくなる傾向がある。

また，テストでない状況では正答できても，テストとなると緊張して誤答を連発するテスト不安（test anxiety）の高い生徒もいる。二度以上聞くことができるならば，そのような生徒もあまり不安を感じずにテストを受けられるかもしれない。これらの諸状況を考えると，二度（以上）聞かせることが適切な場合が多いだろう。そして，聞かせる回数はテスト用紙に明記し，かつ音声内の最初の部分でも伝えるべきである。

ディクテーションについては，例えば，1回目に自然なスピードで流し，2回目に適切な箇所で区切りながら流し，3回目に再度自然なスピードで流すなど，3回以上聞かせる方法が望ましい。

> **Q2**：音声を録音する時に，どんな点に気をつけたらよいか。

A： 手短な音声題材は，教科書付属の音声教材だが，付属教材がない場合もあり，また多様な発音の英語を聞かせたい場合もある。そ

の際には，ALT 等に録音を依頼する必要がある。他社教科書の音声教材やインターネット上の素材を利用することも可能だろう。音声の取り込みおよび編集方法は，飯村 (n.d.) が詳しい。

音声の速さ　　新たに録音する場合には，まず，音声の速さを検討する。これは 1 分あたりの語数を計算するとわかる。イギリス英語では 1 分あたりの語数の目安として，ラジオ番組のモノローグは 160 語，会話は 210 語，インタビューは 190 語，非母語話者向けに大学等で講義するときは 140 語と言われている（Tauroza & Allison, 1990）。ただ，この速さは中高生にとっては早すぎることが多いので，授業で使っている教材での速さを参考にして，ALT 等に話してもらうのが現実的だろう。

多様な英語への対応　　また，普段用いている教科書付属の音声教材や ALT の発音とあまりに異なる音声題材をリスニングテストで使うことは避けた方がよい。英語は世界の多くの地域で多様な発音で話されており，それらの多様さを音声に反映させてリスニングテストで使うことには一理ある。実社会ではそれらの多様な英語を理解する必要があるからだ。ただし，その場合は，普段の授業内でもそうした多様な発音を聞かせる必要があり，授業とテストの間に不一致が生じないようにすべきだろう。

また，標準的な発音ほど聞きやすく，そうでないほど聞きづらくなる。標準的かどうかの判断基準は一概に言えないが，複数の日本人教員が理解に苦しむような発音の英語は，リスニングテストでの使用は避けるべきだろう。

音声言語の特徴の扱い　　その他，音声言語の特徴をどの程度含むべきかも検討が必要だ。例えば，音の同化（例：Did you 同 Didya と発音），脱落（例：must have：mustav と発音），いいよどみ（ポーズ，フィラー［例：well, let's see］など），強調（例：重要な語句は強く長く発音される），繰り返しがある。これらの特徴を授業で扱ったとして，テスト音声にも取り入れるには，大まかな場面設定を ALT に提示し，即興で話してもらうことが考えられる。例えば，「行き先までの切符の買い方がわからず，駅員に聞く」という場面を設定し，日本人教員が駅員，ALT が旅行者として話す。また，あらかじめ準備されたスクリプトを読み上げてもらう時も，可能な限り自然な音声言語の特徴が入るように依頼するとよい。これら自然な音声言語をすべてスクリプト上にあらかじめ記載してもよいだろう。

2.2.5　リーディング

Q1：授業で扱ったのと同じテキストを定期テストに出すのはよいか。初見の英文を出す方がよいか。

A：授業で用いた題材をテストで使うことは，授業内容の理解度を確認するという点では好ましい。理想的には指導と評価は表裏一体

選択肢を初見の英文に　であり、生徒への動機づけという点からも支持できる。ただし、テキストの内容について生徒は事前に知っているため、同じテキストを用いて内容理解をテストするのでは、英語力ではなく記憶力のテストになってしまう。1つの解決策は、提示する文章は同じでも、選択肢を初見の英文で構成し、段落の要旨や特に重要な文の意味を問うことである。例えば以下の英文を授業で扱い、テストでは各段落を要約した選択肢を提示し、どの要約がどの段落のものかを選ばせる。

[授業で扱った英文]
(段落1) People may think that in order to improve their English language skills they need to go to English-speaking countries such as the United Kingdom, the United States, Canada, Australia, and New Zealand. However, there are also other English-speaking countries that are close to Japan. These are countries such as Singapore and India, which are all in Asia. Both countries have had historical ties with the UK, and the use of English there is widespread.
(段落2) Although English is commonly used in these Asian countries, the manner in which it is used there is somewhat different. ...
テストの指示：各段落の内容に最も近い英文を以下から選びなさい。
　(a) English is widely spoken in many countries.
(以降省略)　　　　　　　　　　　　　　　　　　　　　　　　　　【解答：段落1】

内容は覚えていても、どの段落に書いてあったかまでは覚えていないことも多く、テキストを再度読み、少なくとも大まかに理解をすることが必要で、それに加え、選択肢も正しく理解する必要がある。そのため、テキストの丸暗記だけでは正解するのが難しく、より読解力を測っていると言える。平易な単語を用いて要約を長くしたり、テキストと同じ単語を用いて要約を作ったりすると正解しやすくなる（髙木, 2014 参照）。

本文の要約の利用　また、そのままの本文の後に本文の要約を空欄補充式で提示し、理解度を測ることもできる。

[テストの指示] 本文を読み、以下の要約について、前後の文脈を参考にしながら、空所に当てはまる語を1語補充しなさい。
English is widely spoken in many countries. Whenever we think about it, countries such as the US and the UK often come to mind. However, we should also remember that there are other countries in ([1]　　　) where English is used. Even so, there are some ([2]　　　) in the way in which English is used in those countries.
【解答：[1] Asia; [2] differences】

（[1] A　　　）のように，正答の単語の頭文字を記載すると易しくなる。複数の正答がありうる場合，正答を限定することもできる。

教科書本文原典の利用

授業で扱ったテキスト内容をふまえ，より幅広い応用力を見たければ，教科書本文の原典を使う方法が有用である。教科書本文と原典を両方提示することで，2つを比較させながら，原典内の未習語の意味を推測させる設問や，原典内の段落を正しく並べ替えさせる設問を作成できる。ただし，教科書本文と比べると原典は一般的に難しく，生徒の学力に応じて書き換えが必要だろう。1文を短くする，既習語で書き換える，例示（例：for example），順列（例：first; second）表現などを入れて文章構造を明示化するなどの方法がある。書き換えには想定以上の時間がかかることが多いため，早い段階から取り掛かることが好ましい。内容を保ちながらの適切な難易度で書き換えることは決して容易でないため，同僚や書き換え経験が豊富な英語母語話者に協力を依頼したい。

初見の英文は教科書本文と類似したものを選択

初見の英文を使う際には，「内容」「語彙」「文法事項や表現」などが重なり，教科書本文と類似点が多いものを使用する（詳細は寺島，2012を参照）。

> **Q2**：長文で問題を出したい場合は，どのような解答形式がよいか。

A：(a) 前後の文脈が必要ない問は，単独で出題する。(b) 長文内で出題する場合には，英文での提示順と設問の提示順を可能な限り同じにする。(c) 解答形式を極力統一し，空欄や下線を使った英文の加工は1種類にとどめるのが原則である。

(a) については，単語の発音やアクセントを問う設問を本文内に埋め込むことが見受けられるが（2.2.1節参照），本文を読まずとも正答でき，読解力の測定から外れてしまうため，単独に出題すべきだろう。(b) については，英文と設問の提示順が同じならば，解きやすい問題になり，不必要な返り読みを求めることがなく，自然な読み方になる。

形式は2種類までを限度に

(c) については解答形式は1つに限定したいが，1つの長文に1解答形式だと長文を数多く出さなくてはならなくなり，テスト時間や作成の手間を考えると難しい。靜（2002）は，1つの長文に，空欄や下線などで英文を加工する形式を1種類，英文加工を伴わない形式を1種類，計2種類までを限度とすることを提案している。例えば，2.2.1節の問1の設問形式を用いた例を次ページに挙げる。

この形式で作問時に注意したい点は，各設問が独立して解けるようにすることである。どちらかの答えが一方のヒントになる設問は，2問作っても実質1問分の役割しか果たさない。このような工夫をすることで，生徒にとって取り組みやすく，意図した能力を測りやすいテストになる（2.3.2節も参照）。

> ［設問例］次の英文を読んで以下の問いに答えなさい。
> English is one of the most（　1　）used languages in the world. It is used not only in English speaking countries but also in others. The language is taught at school, and many universities offer courses in English.（　2　）, it is a common language in nearly every area of science and technology. People in such fields are required to communicate in English. If you want to be an（　3　），…
> 問1：(1)～(4) に入る適語を，記号で答えなさい。
> 　(1) ア．widely　イ．beautifully　ウ．luckily　エ．correctly
> 　　　　　　　　　　　　　　　　【解答：ア】（(2)～(4) は略）
> 問2：(a)～(c) の問いに対して，英文から語句を抜き出し，5語以上の英語で答えなさい。
> (a) In what field are people required to use English?
> 【解答：In nearly every area [field] of science and technology.】（(b) と (c) は略）

　2.1.2節で述べたように，授業の目標やそこで行った活動と，テストで測る能力（構成概念）は一致していることが望ましい。リーディングテスト作成時にも，テスト形式に目を奪われ，この2点がずれてしまわないように注意したい。

2.2.6　技能統合型テスト

技能統合型の活動は教室外では一般的

　教室外の日常で実際に起こり得る英語スピーキング・ライティング活動をいくつか想像してほしい。見た映画の感想を留学生の友人と話し合う，読んだ本の内容を簡潔に書いて海外の友人に紹介する，などさまざまな活動が考えられる。日常生活での英語使用場面を思い浮かべると，私たちはインプットした情報をもとにアウトプットすることが多く，アウトプットのみが独立して行われるということが稀であることがわかる。このことから，聞いたり読んだりしたことに基づいて感想・賛否やその理由を書いたり話したりするなどの活動が教育現場において着実に増えてきている。ここではこのようなインプットの情報を使ってアウトプットにつなげる活動のテスト（技能統合型テスト）について述べる。

> **Q1**：技能統合型テストとはどのようなテストなのか。

「インプット→アウトプット」のテスト

　A：技能統合型テストが直接評価対象とするものは生徒が話したり書いたりする英文である。しかし，技能単独型のスピーキング・ライティングテストと異なり，生徒は話したり書いたりする前に英文を読んだり聞いたりする。「インプット→アウトプット」のテストというイ

メージを持っていただけるとよい。
　厳密に言うと，スピーキング・ライティングテストにおいて，生徒はスピーキング・ライティング以外の技能も同時に使用していることが多い。例えば一問一答インタビューはリスニングの技能も必要とするし，ライティングのトピックが英語で与えられている場合にはリーディングの技能も必要とする。そういう意味では多くのテストでは複数の技能が同時に測定されている。しかし，本書で扱う技能統合型テストは，「ある程度長い英語インプット（リスニング，リーディング）の理解・処理を伴うスピーキング・ライティングのテスト」とする。「ある程度長い英語インプット」という文言は曖昧ではあるが，1〜3文程度の質問やグラフ・絵などをもとにアウトプットするテスト形式は，本書で扱う技能統合型テストとして分類されない。技能統合型テストの例としては次のようなものが考えられる。留守電にある英語のメッセージ（20〜30秒）を聞き，その内容を友人に口頭で伝える，また，制服のメリット・デメリットについての英文（200〜300語）を読み，それに基づき自分の意見を書くなどである（2.3.3節参照）。

> **Q2**：通常のスピーキング・ライティングテストとどこが違うのか。

A：技能統合型テストと通常のスピーキング・ライティングテストで大きく異なる点は，テストで測る能力（構成概念）である。通常のスピーキング・ライティングテストはスピーキングやライティング技能の評価に焦点が当てられるため，それ以外の技能がなるべく関わらないように工夫がなされる。例えばグラフや絵などからアウトプットを引き出すのは，リーディング技能がパフォーマンスに影響しないようにするためである。しかし，技能統合型テストではスピーキング・ライティング以外の技能を排除しようとはせず，インプットした内容の理解をもとにアウトプットをさせる。実際に評価の対象になるのは生徒がアウトプットしたものであるが，リスニング・リーディングの技能の重要度が通常のテストに比べて高いと言える。

インプットした情報を処理してアウトプットする技能の測定

　技能統合型テストで測られるものは，単に「リスニング・リーディング技能＋スピーキング・ライティング技能」ではなく，「インプットした情報を処理してアウトプットする技能」であることを強調したい（Plakans, 2013）。テスト形式にもよるが，生徒は一般的に次のような思考プロセスを踏む。
　①リスニング・リーディングテキスト（英文）を理解し，アウトプットに必要な情報を選択する。
　②頭の中でインプットした情報を要約する，もしくはその情報をもとに自分の意見を構築する。

2.2　テストの作成・実施時の注意点

③言いたい内容を英語に変換してスピーキング・ライティングをする（Knoch & Sitajalabhorn, 2013）。

　例えば，Q1で挙げた留守電のタスクを考えると，メッセージ一字一句を正確に伝える必要はないし，そうすることは極めて難しい。まずは誰が何の目的でメッセージを残したのかなどの必要な情報に注目しなくてはならない。その後，必要な情報を上手に要約して正確に伝えることが求められる。したがって，単に理解するために聞いたり読んだりするのではなく，アウトプットすることを念頭に置いて聞いたり読んだりすることが必要になる。

> **Q3：校内テストで，技能統合型テストを実施するメリットは何か。**

A： 技能統合型テストを積極的に教育現場で取り入れてほしい理由は主に3つある。第1に，一般的にテスト形式の真正性（authenticity）が高いこと，つまり，現実世界の活動に近い形でテストができることがある。前述したように，教室外の英語使用場面では複数の技能が同時に使われることが多く，その思考プロセスもスピーキング・ライティング単体のそれと異なる部分が多い。実際の英語使用を想定してテストを作成・実施することによって，似たような場面でどの程度英語でコミュニケーションをとれるかをより正確に測定することができる。逆に言うと，技能統合型テストで必要とされるものは単にインプット技能とアウトプット技能を足したものではないので，4技能をそれぞれ独立して評価して合わせたとしても「インプットした情報を処理してアウトプットする技能」を測ることにはならない。その技能を測りたければ，技能統合型テストを行わなくてはならないのである（Plakans & Gebril, 2015）。

現実世界の活動に近いテスト

　第2に，技能統合型テストはタスクベースの授業（task-based language instruction）における評価に適しているというメリットがある。授業内でタスクを多く用いて英語指導を行っている場合は，技能統合型テストを定期テストとして実施することが望ましい。多くのタスクにおいて，生徒はインプットした情報をもとにスピーキングやライティングを行わなくてはならず，コミュニケーションの目的の達成が重視される。授業で行っている代表的なタスク形式をそのままテストとして実施することが理想である。しかし複雑なタスクでテストに向かない場合もあるため，注意が必要である。

タスクベースの授業評価

　第3に，アカデミックな領域で重要視されている英語能力をより正確に測定できるというメリットもある。高等教育におけるアカデミックな英語使用場面を考えると，技能統合型が非常に重要であることがわかる。例えば，大学生は課題として出されたリーディングの内容を要約して授業で発言をしたり，聞いた講義の内容について自分の意見をまとめ

アカデミックな英語使用

て提出したりすることが求められる。このような活動に対して準備ができているかを測定するために，大学入試において技能統合型テストは注目されている。直接大学入試に向けての指導を行っていなくても，生徒はいずれこのような技能統合的活動を行う可能性があることを念頭に置く必要がある。

> **Q4**：校内テストで，実施する前に注意しなくてはならない点は何か。

高めの英語力の必要性

A：技能統合型テストには主に2点，以下のようなデメリットもある（Plakans, 2013）。まず，生徒はある程度高い英語力が必要である。リスニング・リーディング英文の難易度やテスト形式にもよるが，インプットした情報を理解・処理してアウトプットする活動は英語初級者にはかなり負担となる。何を話してよいかわからずに終わってしまう生徒もいるかもしれない。実際，さまざまなレベルの英語学習者をターゲットにする外部テストの中には，技能統合型テストを採用していないものが多い。ただし英文を読みながら書く場合には，英文の表現を一部使う，トピックの情報や新しい考えを知る，考えの構成を学ぶなどが可能であるため，生徒への負荷が軽くなる場合もある（Plakans & Gebril, 2015）。

診断目的には不適

また，技能統合型テストはスピーキング・ライティング技能そのものの診断には向かないという性質もある。文法，語彙，構成力，発音，流暢さなどの診断目的には技能統合型テストはあまり適さない。これはテストがスピーキング・ライティング技能のみを測っているわけでなく，最終的にアウトプットされた英語がさまざまな技能と密接に関連しているからである。例えば，ある生徒が技能統合型テストでうまく話せなかったとする。その原因として，その生徒のスピーキング技能が不足しているためなのか，リスニング・リーディングの英文を理解できなかったためなのか，理解はできたがその情報をうまく処理できなかったためなのか，を特定することが困難である。基本的に生徒の弱点をピンポイントで診断するためのテストは，スピーキング・ライティング技能のうち1つの測定に絞ったテストが多い。スピーキング・ライティング技能の診断には異なったテスト形式を採用するのが望ましい。

2.2.6.1 技能統合型スピーキングテスト

> **Q1**：技能統合型スピーキングテストの実施には，どのような準備が必要か。

A：技能統合型スピーキングテストを実施することを選択したら，以下の手順で実施に向けて準備を行ってほしい。Q2以下で，それぞ

れの段階について詳細に説明する。

1. テスト形式を選ぶ
2. リスニング・リーディングの英文を選ぶ，または作成する
3. 生徒への指示文を作成する
4. ルーブリックを作成する

Q2：テスト形式はどのように選べばよいか。

A： 技能統合型スピーキングテストには多くのテスト形式がある（詳細は 2.3.3 節を参照）。どのテスト形式を採用するかに関しては，テストの目的を明確にすることから始まる。

授業で行った活動から選択

定期テストなどの到達度テストとしてスピーキングテストの実施を考えている場合，授業で行った活動の中から代表的なものを選ぶことが大切である（Kane, 2016）。まず，自分が授業で生徒に行わせた英語スピーキング活動を列挙してみてほしい。前述したような技能統合型の活動はあるだろうか。もしない場合は定期テストとして技能統合型を採用するのは避けるべきである。もし授業で行っている場合は，その中から1つもしくはいくつかを選び，同様の活動をテストとして実施する。例えば，授業で伝言タスクのように，聞いたメッセージを他人に伝えるという活動を行った場合，テストでは聞いた内容を要約して口頭で伝えるタスクを課すことができるだろう。タスクベースの授業でさまざまな技能が絡み合う複雑なタスクを行っている場合は，タスクを分割して2技能のテスト形式にして実施するとよい。

テスト形式としては，①要約する，②自分の意見を述べる，③要約した後に自分の意見を述べる，が一般的である。これらの英語活動は特に大学の授業内において重要であるため，進学を希望する高校生などにはどれかに偏ることなく実施したい。もちろんこれらのスキルは指導を行った上で評価をすることが必須である。

Q3：リスニング・リーディングの英文はどのように選べばよいか。

A： 生徒のアウトプットの質はリスニング・リーディングに用いる英文に大きく影響される。本来このようなインプットの英文は，定期テストであれば授業で扱った内容もしくはそれに近い内容のもの，実力テストであれば大学の授業や実生活で聞く・読むと思われるものを使用するべきである。以下に英文を選ぶ際の注意点を述べる。

無理なく理解できるレベルの英文

大切なことは，実力テストであっても生徒が無理なく理解できるレベルの英文を選ぶことである。この点は通常のリスニング・リーディング

テストと異なる側面であろう。あくまでここで測るべきものは「インプットした情報を処理してアウトプットする能力」であることを念頭に置く必要がある。そのため，1つ下の学年の教科書が良いリソースになる。特にリスニングは何度も聞き返すことができないため，リーディングよりもさらに難易度を下げた方がよい。リスニング教材として若干簡単すぎると思うものでも，聞いて話す活動にすると難易度は上がる。これは実践しながら生徒のレベルに応じた英文を選んでほしい。

トピックとジャンル

難易度の他に留意すべき点は，英文のトピックとジャンルである。トピックはあまり専門的なものは避け，生徒に馴染みがあるものが良い。大学入試に向けた実力テストであっても，一般的な社会問題などの偏りがない話題が無難であると思われる。何かについての賛否を客観的に説明している英文や話者・筆者の主観的意見が明示されている英文だと，全体の構造もわかりやすくてその後のタスクにも生かしやすい。例えば「制服の良い点，悪い点」，「留学についての筆者の意見」などが良い例であろう。

Q4：生徒への指示文には何を書けばよいか。

A：生徒が行うべきことが記載される指示文には，①生徒がすべきタスク，②採点基準，③注意事項の3点が書かれていればよい。ここで重要なことはどのようなパフォーマンスをこちらが期待しているかを明確にすることである。これが明確でないと，ある生徒は聞いた・読んだものをそのまま暗記して複製することを求められていると感じるかもしれないし，ある生徒は通常のスピーキングテストのように文法や発音の正確さが特に大切だと思うかもしれない。

期待するパフォーマンスの明示

①生徒がすべきタスクとは，読んだ記事を要約するなど，インプットしたものに対して生徒が何をするのかということである。その際にはタスクの目的，場面，誰に対して話すのか，どのくらい話すのか，を明記してほしい。こうすることでタスクに対してのイメージが湧きやすくなる。②採点基準については，ルーブリックの一部を提示する。どのようなパフォーマンスが求められているかという情報が伝わるように箇条書きでわかりやすく提示したい。③注意事項では，インプットの英文の読み上げに言及しておきたい。インプットがリスニングの場合この点はあまり心配する必要はないが，リーディングの場合，英文をそのまま読み上げる生徒もいるかもしれない。ある程度の引用は許容されるべきだが，過度の引用は好ましくない。次ページの表1に指示文の一例を挙げた。

表1 技能統合型スピーキングテストの指示文の例

> あなたは友人と最近読んだ新聞記事について話しています。以下の新聞記事を読み，内容を1分間で友人に英語で伝えてください。読む時間と準備時間は全部で5分です。評価のポイントは次の2点です。
>
> ・発音はわかりやすいか
> ・5W1Hの情報を正確に伝えているか
>
> 話す時には記事を見てもよいですが，記事の英文をそのまま読み上げないようにしてください。自分の言葉に直して友人にわかりやすく伝えるようにしましょう。

Q5：ルーブリックはどのようなものが望ましいか。

A：生徒のアウトプットが引き出されたら，その出来を評価する必要がある。基本的には通常のスピーキングテストにおける評価方法と変わりはないため，2.2.2節を参考にしてルーブリックを作成してほしい。しかし，技能統合型スピーキングテストにおいてぜひ評価してほしい観点は，生徒が話す「内容」である。これはテストがスピーキング技能のみを測っているわけではないからである。文法や発音などの言語要素のみで生徒のアウトプットを測ることがないようにしてほしい。「内容」の観点で何を見るのかはテスト形式によって異なるが，以下に①インプットの内容を要約するテスト，②インプットの内容に基づいて自分の意見を述べるテストにおいて測りたい内容を述べる（2.2.3節を参照）。

【内容の観点での評価】

英文を要約させるタスクでは「内容が正確かどうか」および「含めるべきポイントが含まれているか」に注目するとよい。前者は判断がさほど難しくはないと思われる。インプットの内容と異なることを述べた場合は得点が低くなる。後者については，前もって決めておいた要約に含めるべき重要なポイントが正確に押さえられているかが観点になる。ポイントが欠けていたり，説明が不足していたりする場合は得点が低い。余計な情報を付け加えた場合も同様である。要約させるテスト形式では生徒自身の意見が入る余地はない。

インプットの英文に基づいて自分の意見を言うタスクでは，内容の「詳細さ」と「一貫性（論理性）」を評価する。前者は，自身の立場の根拠やその例を細かく述べられているかという観点である。立場の根拠やその例を十分示していないものは，好ましいアウトプットとは言えない。後者の観点は，自分の立場と根拠が論理的につながっているかという視点で評価される。理由らしいことは発言しているが，それが自身の立場とあまり関連がない場合は，当然評価が低くなる。教師の主観が影響しそうではあるが，根拠を持って評価の結果をフィードバックできればよい。

2.2.6.2 技能統合型ライティングテスト

> **Q1**：技能統合型ライティングテストはどう作ったらよいか。

A： 技能統合型ライティングテストでは，①スキルの組み合わせ，②知識と技能の評価，の2点を考慮し，タスクおよびルーブリックを作成するとよい。

(1) スキルの組み合わせ

技能統合型ライティングテストでは，単に主題を与えられる単独型ライティングテストと比べ，より幅広いコミュニケーションの場面が想定可能になる。このようなテストタスクの設定は，授業での活動をふまえて考える。例えば授業において，「日本は遺伝子組み換え食品を認めるべきである」という論題でディベート活動を行った場合，次ページの表1にあるように，さまざまな技能が関わる。まず論題に関する英文を読み，内容を簡潔にまとめ，自らの議論を書き口頭で発表する。聞き手（反対側チーム）は，相手の議論を聞き要点のメモを取り，それをもとに自分の考えをまとめて反論する。双方の生徒は最後に活動を振り返り，主題についての自分の考えを英語で書いてまとめる。このような技能統合的活動では，ライティングだけでなく，複数の技能が有機的に結びついている。

〔授業での活動をふまえたタスク設定〕

この授業に基づいたテスト1では，この論題の肯定議論が書かれた200語程度の英文を読み，反論を書くという設定のタスクを設定した。授業の活動の最初に口頭で発表する生徒の場合，議論が書かれた文章を読む能力と，反論のポイントを示すために "This person said ..." などと言いながらその内容を簡潔にまとめ，さらにその内容に対する自分の考え（＝反論）を書くという，「読む」→「書く」→「話す」→「書く」という流れの3つの技能を含んだパフォーマンス能力が必要であった。一方，テストでは「読む」→「書く」の2つの技能に焦点を当てた。

〔インプット形式で考慮すべき点〕

技能統合型ライティングテストは，インプットを文章で提示すると，音声で提示するよりも容易になる場合がある。生徒は内容を読み返し，文章中から語彙・文法を再利用することなどが可能になるためである。（ただしインプットをそのまま用いる力がライティング力であるかどうかには議論の余地がある。この点についてはQ3にて述べる）。反対に，テスト2のようにインプットをリスニングとして提示した場合には，情報が流れていくため，メモの取り方の技術（notetaking skill）などが必要になる場合もある。インプット形式は，このような点も考慮に入れて考えたい。

表1 授業でのディベート活動とそのテストの比較

	内　容	技能	特　徴
授業	資料を読み，自らの意見を書いてまとめ，口頭で発表する。	R→W→S	実際のコミュニケーションを通じ，多数の意見（多様なインプット）を聞くことが可能。多くの技能が統合されている。
	発表された相手の意見を聞いてメモを取り，それらに基づいて口頭で反論する。	L→W→S	
	活動のメモを振り返り，自分の考えを英語で書いてまとめる。	R→W	
テスト1	ある人が主題に関して書いた意見を読んでまとめ，その内容に基づいて文章で反論を書く。	R→W	読み返しが可能なため，自分のペースで理解可能。文中の情報を再利用でき，書く上で利点あり。
テスト2	ある人が主題に関して書いた意見を聞いてまとめ，その内容に基づいて文章で反論を書く。	L→W	インプットを覚えておくために，メモの取り方の技術が必要になる。

(2) 知識と技能の評価

タスク達成と言語知識のバランス

　ライティングのパフォーマンステストの評価は，実際の場面を想定したタスクの達成と言語知識の双方のバランスを考慮して行う。パフォーマンステストでは，言語外要因が言語知識の不足を埋め合わせることもあるが，そのタスクの達成が言語外の知識のみによってなされた場合は言語テストとは言えない。逆にライティングの言語的側面に重きを置いた場合，パフォーマンステストとしての性格は弱まる (McNamara, 1996; Weigle, 2002)。このため，技能統合型ライティングテストでは，複数の技能を含んだタスクにおけるパフォーマンスについて，言語に関する知識（言語やその運用についての知識）と，場面における課題（タスク）を解決できる技能，の2つの観点に基づいた採点基準を作成し，評価を行うことをお薦めする。評価に関しては，全体を1つの能力として評価する総合的評価（holistic scoring）と，複数の観点を分析的に評価する分析的評価（analytic scoring）とがある（2.2.3節参照）が，ここでは，後者の分析的評価について，例を示しながら説明する。

　表1のテスト1の例では，技能として「読んだ内容をまとめる」ことと「それに対して反論を述べる」ことを基本とし，さらに具体例や付加的な説明を十分に行うことができるかが問われている。知識としては，読んだ内容に反論する表現（This passage suggests that ..., but ...）や，反対の表現を用いた表現（It might be argued that ...）などが考えられる。このような表現を授業で学んでいることを前提に作成したルーブリック

の例が表2である（これはテスト2にも使用可）。ここでは書いた語数で先に振り分け，【内容の適切さ】【具体例などの提示】【言語に関する知識・理解】をそれぞれ2点とし，これに語数を含めた4観点で分析的な評価を行う。ただし，十分な語数を書いていない24語以下の解答は，タスクの条件を満たしていないものとして，点数を与えない。この場合には，指示文に最低必要な語数を書いておく方が望ましい。

表2　技能統合型ライティングテストにおけるルーブリックの例（6点満点）

語数	基準	配点
50語以上	【内容の適切さ】①相手の考えをまとめ，②それに対し適切に反論を述べている（2点），①または②ができている（1点）	2
	【具体例などの提示】具体例や付加的説明があり，わかりやすい（2点） 具体例や付加的説明があるが，あまり助けになっていない（1点）	2
	【言語に関する知識・理解】適切な表現を使用できた：例：This passage suggests that ..., but ...（2点），適切な表現を使用しようとしているが，major error がある（1点）	2
25〜49語	【内容の適切さ】相手の考えをまとめ，それに対し適切に反論を述べている（1点）	1
	【具体例などの提示】具体例や付加的説明があり，わかりやすい（1点）	1
	【言語に関する知識・理解】適切な表現を使用できた（1点）	1
0〜24語	条件を満たさないため，採点対象外とする。	0

注：major error とは，文法・語法や文構造などの誤りにより内容理解を妨げるものを指す。冠詞や綴り字等の minor error は減点しない。

授業で指導した知識や技能を測れるタスク形式を選択

到達度テストとしての定期テストでは，このように授業で指導した知識や技能に焦点を当て，その知識と技能を測ることのできるタスク形式を入れるとよい。また，書いた語数を採点基準に加える場合には，教師が語数を数える必要がないように，語数を書く欄を解答用紙に作っておくことをお勧めする。

ここでは分析的評価の一例を示したが，ルーブリックにどのような観点を設けるかについては柔軟に考えたい。また，タスク達成と言語面を複合的に記述した総合的評価もある。総合的評価を用いたルーブリックの代表例としては TOEFL iBT のリーディング・ライティングタスクがある（望月, 2015b 参照）。

> **Q2：暗記テストにしないためにはどうしたらよいか。**

A： ライティングなどアウトプット型のテスト内容を予告すると，生徒が答えを丸暗記してくる場合がある。これはテストに向けた学習内容や測る能力を限定してしまうため，テストの波及効果や内容の妥当性の点から好ましくない。丸暗記では対応できなくするには，技能統合型の利点を活かし，学習内容と類似したタスクを用いたライティングテストを作成するとよい。

学習内容類似タスクの活用

例えば，表1で提示したテスト例では，授業時と同じ「遺伝子組み換え食品」を用いているが，「書く」内容は異なる。授業のディベート準備時に書いた「自分の議論」を書くのではなく，「読む」ことにより提示された「議論に対応した反論を」書く必要があることが求められている。実際に自分が活動時に聞いた相手の発言内容とは異なることが多いため，このタスクには単純な暗記だけでは対応できない。

このような類似したタスクを作成する際には，単にトピックが同じであるなど表面的な類似ではなく，その2つの文章の語彙，文法表現，内容など，複数の点において似ていること，すなわち「構造的な類似」（鈴木, 1996）を考慮するとよい。

構造的な類似を意識してタスクを選択

この「構造的な類似」を「女子柔道がオリンピック競技になるまで」という英文を読んだ場合を例に説明しよう。この授業のテストとして，「スポーツ」という属性が似ていることで「サッカーと国際貢献」のような文章を使用するのは好ましくない。例えば「スポーツ」，「女性」，「オリンピック競技として認められた」など複数の属性が類似しているものとして「女子マラソンがオリンピック競技になるまで」といったような文章の方がより適切である。しかし類似を通り過ぎ，授業で扱った内容と全く同じになると，既知の内容の単なる再生に終わってしまう恐れがある。授業とテストの何が類似していて，何が異なるのかを考慮して作成する。

テスト内容予告時の注意点

テスト内容の予告にも注意するとよい。例えば，ディベート活動の前で評価内容や形式について詳しく予告する時に，「次の試験では，授業で行ったディベートの内容に基づいたライティング問題を出題するので，作成した立論スピーチおよび反論を行う際に用いたメモ，他の生徒が行ったディベートの際に記録したメモなどを復習しておくこと」と指示をすることで，生徒は授業での他の生徒の意見に耳を傾け，メモを取り，あとから振り返ってまとめる，などの波及効果が期待できる。

> **Q3：技能統合型ライティングテストは，ライティングの力を測っているか。**

A： 技能統合型ライティングテストでは，実際の場面を想定し，さまざまな技能が組み合わされたタスクが用いられるため，ライティング能力が測定できているのか疑問が残るのは当然である。しかし，個々の技能を測定するというよりも，むしろ，最終的目標が何かを考えて，最終的に何ができるか（CAN-DO）という目標を明確にしてその最終的な成果を評価する（望月，2015a）という視点が大切である。

最終目標を明確にして，最終的な成果を評価

さらに，ルーブリックを作成する際には，技能統合型ライティングの特徴を理解した上で判定基準を作成することが望ましい。例えばテスト1のようなR→W型のテストでは，読んだ内容に基づいて書くため，ライティングの結果はリーディング力に依存する（Cumming, 2013）。つまり，能力の低い書き手はインプット文章の利用そのものが困難であることが考えられる。一方，能力の高い書き手は，インプット内容の言い換えやまとめが可能である。言い換えやまとめがなされているのかどうかによって，優れた書き手の判別が可能（Gebril & Plakans, 2013）であるといえよう。タスクにおける指示文で明示したならば，ルーブリックで，インプット利用の有無，言い換えの有無，などの観点で評価に差をつけることも可能である。

このように技能統合型ライティングの特徴を捉え，ルーブリックを具体的に設定することで，評価者間のぶれがなくなり，「何ができるのか」に対する妥当な評価が可能になる。技能統合型テストは，個々の技能を測定するテストと比べると，教育活動そのものへの大きな波及効果が期待されるため，学校現場において，指導と評価を関連づけて積極的に導入されることを願う。

2.3 テスト形式

2.3.1 産出型タスク形式

生徒にスピーキングやライティングでのプロダクションを求めるテスト形式にはさまざまな種類がある（Fulcher, 2003; Hughes, 2003; Luoma, 2004）。本書では産出型テストを「制限産出型タスク形式」と「自由産出型タスク形式」の2つに分けて紹介する。制限産出型タスク形式は，産出技能のある一側面（例：発音，文法など）に焦点を当てており，回答がある程度予想され，予想される回答が短いタスク形式である。一方，自由産出型タスク形式は，広い産出技能を測り，言語を使用して何かを行う意味・内容を重視したタスク形式である。多くの異なる回答の可能性があり，ある程度まとまりのある産出を求めるものとする。

> 制限産出型タスク形式と自由産出型タスク形式

なお，産出型タスク形式には，場面設定などにより表現はかなり限定的で制限産出型タスク形式に近いが，ある程度の自由度が残される自由産出型の性質も持つ場合がある。一方，自由産出型タスク形式でも意味・内容を重視しながらも，回答は短いような場合もある。このように制限産出型と自由産出型のどちらの性質も備えた中間的なタスクの場合は，適切にテスト形式を選択するために，どちらの性質が主になるかを意識したい。

（1）制限産出型タスク形式

次ページの表1のような特徴がある。制限型タスク形式には，①現実世界で行われる産出活動とは違いが大きく，自由度が小さく，創造的な要素を測りにくいこと，②評価が比較的しやすいこと，③テストの信頼性・実用性が自由産出型タスクに比べて高いなどの特徴があげられる。まず，制限型タスク形式の場合，産出技能のある一側面を測るため，必ずしも現実世界で起こる，真正性（authenticity; 2.1.4節参照）の高いタスクとは限らない。これはこのタイプのタスクの課題の1つである。し

> 限定された技能を測る

かし，英語の学習を始めたばかりの英語能力の低い生徒の限定された技能を測るには良い形式と言うこともできる。次に，このタスク形式では生徒はある程度限定された回答の中から選ぶ場合が多いため，自由産出型タスク形式に比べて，模範解答が作りやすく，採点も比較的しやすいといえる。その結果，より客観的な評価が可能で高い信頼性を確保しやすい。回答が比較的短く，採点もしやすいため，実用性もより高い。

なお，以下（3）スピーキングの産出型タスク形式で述べる⑦事実に関する短い質問や（4）ライティングの産出型タスク形式で述べる①整序英作文（並び替え），③空欄補充のタスクについては，2.3.2.2節で取

り扱われる多肢選択式以外の受容技能テスト問題と重複するタスク形式である。これは，タスクで測る技能の焦点が受容技能か産出技能（またはその下位技能）かにより解釈が異なり，受容技能テスト，産出技能テストのどちらにもなりうる形式だからである。

(2) 自由産出型タスク形式

産出技能のテストにおいて自由産出型タスク形式には主に3つの特徴がある。第1に，現実世界で行われるタスクに近いことである（小泉, 2015）。スピーチやプレゼンテーションなどのモノローグ型のタスクやロールプレイやディスカッションなどの対話型タスクは，いずれのタスクにおいても現実社会や学校生活において行われるコミュニケーション活動であり，真正性が高い。2つ目の特徴は，測ろうとする技能を実際に行わせる直接テストなので，制限産出型タスクに比べ妥当性の高いタスクであることである。現実的な活動に近い直接テストであることは，生徒のスピーキングやライティングの学習に対する意欲を高めるなど良い波及効果が期待できる。3つ目の特徴として採点の難しさがあげられる。自由産出型タスクはパフォーマンスを評価するため，評価者の主観で評価する。そのため，答えがある程度予測可能で，客観的に評価しや

（欄外）真正性の高さ

表1　産出型タスク形式の長所と短所（Fulcher, 2003; Luoma, 2004を基に作成）

タスク形式	特徴	長所	短所
制限産出型	・産出技能の下位技能やある一側面（例：発音，文法など）を測る。 ・回答がある程度予測可能で，正解かどうかを重視。 ・回答が短め。	・評価が比較的しやすい。 ・テストの信頼性・実用性が高くなりやすい。 ・熟達度の低い学習者でも回答が可能。	・現実世界で行われる産出活動とは違いが大きい。 ・自由度が小さく，創造的な要素を評価できない。
自由産出型	・広い産出技能を測り，意味・内容重視。 ・多くの異なる回答の可能性がある。 ・ある程度まとまりのある産出を求める。 ・スピーキングが長いほど，生徒の回答する自由度は高くなり，認知的負荷も高くなる。	・現実世界で行われるタスクに近い。 ・テストの妥当性が高くなりやすい。 ・スピーキングやライティングへのプラスの波及効果が期待できる。	・採点が難しく，テストの信頼性・実用性が低くなりやすい。 ・回答の予測ができない。

すい制限産出型タスクに比べて信頼性の確保が課題となる。さらに，信頼性を確保するためには，評価者の数を増やしたり，音声や映像で記録を残して確認したりする必要が出てくるため，評価のための負担も少なくない。

(3) スピーキングの産出型タスク例

スピーキングタスクの主な例として次のようなものがある（表2参照）。左から第1列が制限の強さ，第2列がタスク形式，そして第3列がそのタスク例である。表2の第1列は，制限が強いタスクが上に示されており，徐々にタスクの制限が弱まり，最下行では制限はない。制限が強〜弱までが制限産出型であり，最下行が自由産出型である。以下に制限の強さごとに，タスクやそのタスクで測ることのできる特徴的な能力について述べる。測る能力については，それまで授業で行った指導内容などによってどの知識や能力に焦点を当てて測定するかが変わるため，目安と考えていただきたい。また，測る能力が，流暢さや正確さなど，どのタスクにおいても共通する能力については，特に特徴的な場合を除いて言及しない。

> 産出の制限の強さと測る能力

表2　スピーキングにおける産出型タスク例（Fulcher, 2003; 北尾，2011; 小泉，2015; Luoma, 2004; 根岸，2010; NIER, 2012 を基に作成）

制限	タスク形式	タスク例
強	①音読（reading aloud） ②文復唱（sentence repetition）	①英文を音読する。 ②英文を聞いて復唱する。
中	③フレーズへの反応（reacting to phrases） ④提示した文を操作して会話 ⑤反論 ⑥内容判断を伴う模倣（elicited imitation） ⑦事実に関する短い質問（factual short-answer questions）	③教員の "Thank you." というフレーズに対して，生徒が "Sure." や "No, problem." で答える。 ④ "This is your book." という文が提示され，その文を指示（例：疑問文にする）に従って "Is this your book?" と操作して話す。 ⑤ "You didn't study yesterday." という教員の発話に対し，"Yes, I did." などのように助動詞を入れた形で短く反論する。 ⑥提示された絵と聞こえた文の内容が一致したかを Yes か No で答え，その後直前に聞いた英文をそのまま正確に繰り返す。 ⑦教員は "How is the weather today?" という質問をし，生徒は "It's cloudy." のような短い回答で答える。

弱	⑧話す内容を日本語で提示して英語で話す	⑧「『フルーツは好きか』『一番好きなフルーツは何か』を質問しなさい。」と示し，"Do you like fruits?" や "What fruits do you like best?" と回答する。
	⑨絵の描写	⑨絵を提示し，その絵について英語で描写する。
なし	⑩スピーチ，プレゼンテーション（Show & Tell などを含む）	⑩自分の趣味について，それに関連するものを示しながら説明を行う。
	⑪インタビュー	⑪教員が生徒に対して「自分の夢」についてインタビューを行う。
	⑫ロールプレイ	⑫「お母さんにこづかいを増やしてほしい」子供と，その考えに反対する母親の立場で会話を行う。
	⑬ディベート，ディスカッション	⑬「日本の大学は9月から学年を始めるべきだ」という論題についてディベートを行う。

制限の強いタスク　　最も制限が強いタスクでは，生徒が何を言うかがタスクの指示（プロンプト prompt）に示されている場合が多い。①音読タスクは最も制限が強いタスクの1つで，内容理解などとも関係はしているものの，スピーキングの一側面である発音の技能を測ることに焦点があてられることが多い（Luoma, 2004）。②文復唱タスクでは，英文を聞いてそれを復唱する。このタスクでも，発音や強勢，イントネーションの技能を測ることができる。音読タスクに比べ，記憶の負荷が大きくなるので，かなり単純な文を使わない限りは，初級者にはあまり向かない。

制限が中程度のタスク　　制限が「中」の③フレーズへの反応は，挨拶や謝罪と承諾の場合などのように，既習のフレーズを使って，適切なコミュニケーションができるかを測る。④提示した文（音声または文字）を操作するタスクでは，既習の文法を口頭表現において円滑に活用できるかどうかを測る。⑤反論タスクでは，内容を理解した上で，既習の文法を活用して反論する力が試される。⑥内容判断を伴う模倣タスクでは，提示された絵と聞こえた文の内容が一致したかをYesかNoで答え，その後直前に聞いた英文をそのまま正確に繰り返す。内容理解を確認した上で復唱を求めるのは，文の理解なしに，文をただ繰り返すのを避けるためであり，理解を伴ったスピーキングが見られる点で，②の文復唱よりも良いと言われている（根岸, 2010）。⑦事実に関する質問のタスクでは，質問の内容を理解し，求められている情報を口頭で伝える能力を測る。発話の自由度は高まるが，ある程度予想され，かつ短い回答が求められるため，中程度の制限を持つタスクと言える。

| 制限が弱いタスク | ⑧話す内容を日本語で提示して，その内容を英語で話すタスクは，既習の文法である疑問文を作る能力を測るとともに，疑問文のイントネーションをテストしている。内容的な制限があり，それに伴い，使われる表現もある程度制限を受けるものの，比較的自由に英語で表現することが許されるタスクである。⑨絵の描写のタスクは，状況を視覚的に伝え，それを英語で表現する能力を測る。絵の中に複数のコマを用意することにより，原因と結果や，物語など，測りたい能力にある程度焦点を当てることが可能である。

制限のないタスク　　表2の最下行には，自由産出型タスク形式を挙げた。制限産出型タスクと比較すると，自由産出型タスクでは，話す内容も形式も指定がないか少なく，自由度が高い。⑩スピーチやプレゼンテーションは，典型的なモノローグ形式の自由産出型タスクである（小泉，2015）。これらのタスクでは，テーマ（例：My Future Dream, My Hobby など）の設定はあっても自由に話すことができる。日常生活でよく行う活動ではないが，中学生や高校生の学校生活においては現実的なタスクと言える。また，スピーチやプレゼンテーションなどのタスクは，スクリプトを準備し事前に練習を行う「準備したスピーチ」（prepared speech）であることが多いが，テーマが身近で簡単なものであれば「即興で行うスピーチ」（impromptu speech）も可能である。

　　⑪インタビュー，⑫ロールプレイ，⑬ディベート，ディスカッションは対話形式の自由産出型タスクである。対話形式には「教員と生徒間の対話」と「生徒同士の対話」の2種類がある。インタビューやロールプレイは場面設定などにより，どちらの対話形式も取りうる。それぞれの形式の特徴については次の段落で述べる。⑪インタビューでは，質問を理解し，即座に必要な情報を提供する表現力を測る。⑫ロールプレイでは，場面や役割に応じて即座にやり取りをする能力を測る。⑬ディベート，ディスカッションでは，根拠やデータに基づいて自分の意見を論理的にかつ即時に伝える能力を測る。

対話形式のタスクの特徴　　さて，対話形式の特徴として，教員と生徒間の対話では，事前に提示する質問や，答えが出てこなかったときの対処法を書き出しておくことができるので，ある程度タスクの標準化が可能で，どの生徒にも同じような対応ができる。そのような準備がなく自由に話す形もあり，より現実世界での対話と近くなるが，生徒によって対応が異なり，不公平になる場合もあるため，注意が必要である。またこの形式では，教員は対話者であると同時に評価者でもあることが多いため，教員の負担は大きく，評価の信頼性が課題となる場合もある。さらに，対話者である教員に対して，生徒は即興で発話をしなければいけないため，緊張して本来の力を十分に発揮できない場合もあるので，考慮が必要である。一方，生徒間の対話タスクは，より現実に近く真正性の高いタスクとなる。教員は評価に専念することが出来るが，同時に生徒2人以上を評価しなけ

ればならない場合もあり，採点練習が不可欠である。このようなそれぞれの対話形式の特徴とインタビューやロールプレイでの状況設定などを考慮して，より適切な対話形式を選びたい。

(4) ライティングの産出型タスク例

ライティングテストの主な例として次のようなものがある（表3参照）。表では，左から第1列が制限の強さ，第2列がタスク形式，そして第3列がそのタスク例である。スピーキング同様に，測る能力については目安であること，測定する能力について，流暢さや正確さなど，どのタスク間で共通するものについて，特に言及しないこととする。

表3 ライティングにおける産出型タスク例（Hughes, 2003; 北尾, 2011; NIER, 2011; Weigle, 2002 を基に作成）

制限	タスク形式	タスク例
強	①整序英作文（並び替え）	①下の（　）内の語を並べ替えて空所を補い，最も適当な文を完成させなさい。I will never forget this trip. It was (best / ever / had / I / the / trip) had.【解答：the best trip I had ever】
	②書き換え	②現在形の文章を過去形の文章に直す。
中	③空欄補充	③（　）に適切な語を入れて，文を完成させなさい。The pop group is very popular, so the concert hall was (　) of people.【解答：full】
	④文完成	④（「女の子が本を読んでいる絵」を示して）下線部を埋め，文を完成させなさい。＿＿＿＿＿＿ is my friend.【解答：The girl reading a book】
	⑤情報再生	⑤ディクテーション，英文の違う視点からの書き替え，申請書への記入など。
弱	⑥和文英訳	⑥日本語で示された文を，英語に訳す。
	⑦絵の描写	⑦絵を提示し，その絵について英語で描写する。
なし	⑧構成／再構成	⑧日記，手紙，絵葉書，メッセージ，メモ，要約など
	⑨創作	⑨エッセイ，読書感想など

制限の強いタスク

ライティングにおける制限産出型タスクとして，①整序英作文（並び替え），②書き換え，③空欄補充，④文完成，⑤情報再生，⑥和文英訳，⑦絵の描写などが挙げられる（表3参照）。そのうち，最も制限の強いタスクが①整序英作文と②書き換えである。①整序英作文は，語順を並べ替えることにより，文法・語法を含めた一文レベルでの文を構成する

力を測る。②書き換えでは，指示に従って動詞を適切な形に変えたり，単語を適切な品詞に変えたりするなどライティングに必要な文法力や単語を書く力を測る。①，②ともに，文法・語法，イディオム，単語などのライティングに必要な下位技能を問うことにより，ライティングの能力を測る間接テストである。間接テストは，評価の妥当性が課題となるため，表現力が十分でない初級者に対するテストでなければ，できるだけ避ける方が望ましい。

制限が中程度のタスク　　中程度の制限を受ける産出タスクが，③空欄補充，④文完成，⑤情報再生である。③空欄補充式問題でも，①，②と同様，文法・語法やイディオムなどの表現力を測る。①，②との違いは，短いものではあるが，自分で考えた表現の産出が求められる点である。日本文や英文に基づき，1 語を補充する場合から 2～3 語補充する場合がある。さらに空所が長くなると④の文完成のタスクとなる。このタスクでは，句や節のレベルの表現力を測ることができる。空欄部分が長くなるにつれ，表現の自由度が上がるとともに，問題の難易度もより高くなる。⑤情報再生タスクとは，すでに英語になっている情報や既知の情報を書いて再生する問題である。ディクテーションなどがその例になるが，それ以外あまりなじみがないと思われるので，以下に具体的タスク例（Weigle, 2002, p. 97）を示す。このタスクでは，既習の語彙や文法的知識を活用して聞き，すでに知っている情報を再生して書く能力を測る。ただし，物語を自分の出来事として手紙形式で書き替えるので，聞いた英文をそのまま書いて再生するディクテーションに比べ，より自由度が高いタスクと言える。

［情報再生タスク例］

Strange True Stories
Police arrested James Haskell, seventeen, in March after he tried to buy beer at Wally's Mini-Mart by using a stolen driver's licence—that of Douglas Cleaver. The man behind the counter at Wally's knew it was stolen because he is Douglas Cleaver, who had had his license taken in a truck break-in two months earlier. Haskell fled when he heard Cleaver talking to police but left his wallet, which contained his real driver's license.
　　　　　　　　　　　　　　　　Adapted from *The Los Angeles Reader*, 2 June 1994

TASK：Imagine you are Douglas Cleaver. Write a letter to a friend explaining the strange thing that happened to you at Wally's Mini-Mart. The letter has been started for you.
　Dear Chris,
　You won't believe what happened to me the other day!

制限が弱いタスク　　⑥和文英訳と⑦絵の描写は，ライティングの制限産出型タスクでは制限が最も弱いタスクとなるが，日本文や内容の制限が課せられるとともに，ある程度文法・語法の能力を測っている場合も少なくない。⑥和文英訳のタスクでは，日本語で示される文を基に，既知の語彙や文法・語法の知識を活用し，英語で書く能力を測る。和文英訳でも意訳（原文の語句の1つ1つにこだわらず，全体の意味に重点をおいて訳すこと）を求めるタスクは難易度および自由度がやや高くなると言える。⑦絵の描写のタスクは，状況を視覚的に伝え，それを英語で書いて表現する能力を測る。絵のコマ数を増やすことにより，状況設定や話の流れを作ることにより，焦点を当てる表現を変えることができることは，スピーキングにおける絵の描写タスクと同様である。

制限のないタスク　　表3の一番下の行の，⑧構成／再構成と⑨創作は，自由産出型タスクである。⑧構成／再構成では，日記や手紙，ハガキ，メッセージのように生徒が体験したり伝えたりしたいことを自分で考えて書くタスク（構成）や，電話でのメモ，要約などのように，見たり聞いたりしたことをライティングにつなげるタスク（再構成）がある。このタスクでは，文法・語法や語彙などの知識を活用して書く力だけでなく，文章の構成力も測る。以下は，メッセージ（構成）の例である（Hughes, 2003, p. 88）。

［構成タスク例］

⑨創作のタスクでは，エッセイや読書感想，新聞の記事など自分の考えをライティングで自由に表現する能力を測る。このタイプは，学習者にある程度の英語熟達度を要求するタスクではあるが，中学生や高校生でも取り組めるタスクである。以下は，中学校3年生でのタスク例である（NIER, 2011, p. 44）。

[創作タスク例]
次の文を読んで，あなたの感想を英語で書きなさい。

> The place I want to visit is Australia. There are many things I want to do there. First, I am interested in scuba diving in the beautiful sea. I want to see colorful fish swimming in the water. Second, I want to visit Uluru, Ayers Rock. That is one big rock. It is about 350 meters high. It is a very important place for the Aborigines. So I just want to see it.

（下線の指示文は，著者が追加）

　制限産出型タスク形式であれ，自由産出型タスク形式であれ，産出型テストで適切なタスクを選ぶ際には，生徒の熟達度や波及効果，時間的・労力的負担などをよく検討することが大切である。教育現場でより多くのコミュニケーション活動が求められ，英語でのより高いコミュニケーション能力が望まれる今，産出型技能の評価はこれからますます重要となるであろう。

2.3.2　受容型テスト形式

2.3.2.1　多肢選択式問題の作り方

Q1：多肢選択式はどんなテスト形式か。

A：多肢選択式は，通常，質問文（stem）と選択肢（option）の2つの要素から構成され，選択肢は，(a) 1つの正解，すなわち正答肢（key）と (b) 誤答，すなわち錯乱肢（distractor）に分けられる。多肢選択式テスト（multiple-choice test）の代表的な形式は，表1のように2つある。この2つは，1つの質問文と複数の選択肢から構成されている点では同じだが，質問文の形式が異なる。1つ目の質問文形式（question format）では質問が完全な文の形で提示されるが，2つ目の不完全質問

> 2つの代表的な形式

表1　多肢選択式の代表的な形式

1. 質問文形式（question format）	
Who wrote this book?	質問文
A. Akutagawa Ryunosuke	選択肢・正答肢（正解）
B. Mori Ogai	選択肢・錯乱肢（誤答）
C. Natsume Soseki	選択肢・錯乱肢（誤答）
2. 不完全質問文形式（incomplete stem format・partial sentence format）	
Emily couldn't attend the party, _____ was a shame.	質問文
A. it	選択肢・錯乱肢（誤答）
B. that	選択肢・錯乱肢（誤答）
C. which	選択肢・正答肢（正解）

文（incomplete stem format または partial sentence format）では答えとなる箇所が下線部（空欄）になっている。

> **Q2：多肢選択式テストの長所と短所は。**

容易な採点と高い信頼性

A：多肢選択式の長所と短所について，Hughes (2003) を参考にまとめる（表2参照）。多肢選択式の最大の長所は，採点が容易で，かつ採点の信頼性が高いことである。そのため，大学入試センター試験のような大規模なテストでよく用いられている。生徒に求められる作業は紙にマークするだけなので，記述式に比べて項目ごとの作業時間が比較的短い。これにより，多くの問題を出題することができる。項目数を増やすことは，テストの信頼性を高められるばかりでなく，測定したい内容（構成概念）のテスト項目を多く出題でき，テストの内容面での妥当性を高めることもできる。またリーディングやリスニングのような受容的技能をテストしたい場合は，生徒に目標言語で書かせたり話させたりしないので，ライティングやスピーキングによる産出的な負荷をかけずに受容技能をテストすることができる。

表2 多肢選択式の長所と短所（Hughes, 2003 を参考に作成）

長所	短所
1. 採点が容易	1. 受容的能力のみ測定可能
2. 高い信頼性が期待できる	2. 当て推量の影響がある
3. 項目数を増やせる	3. 測定できる知識・能力が限定的
4. 生徒に産出的な負荷がかからない	4. 選択肢の作成が困難
5. 受容的な能力の測定に適切	5. マイナスの波及効果の可能性
	6. 不正行為を誘発しやすい

テストできる能力に制限

一方で，多肢選択式には多くの問題点も存在する。まずは長所の裏返しであるが，受容的能力しかテストできないという問題がある。書く・話すという技能をテストする目的で多肢選択式を用いた場合は，テスト結果と実際の運用能力との間に，かなりのギャップが生じることを覚悟しなければならない。

2つ目の問題は，当て推量（まぐれ当たり）による正解の可能性が否定できないことである。当て推量の可能性を減らすためには，1問あたりの選択肢の数を増やすなどの策が講じられることが多い。しかし選択肢を増やしても実際に生徒に選ばれる錯乱肢は限られているため (Rodriguez, 2005)，この方法は必ずしも有効だとは言えない。

3つ目の問題としては，テストできる能力が限定的である，という点が挙げられる。すなわちテストしたいポイントに対して必ずしも選択肢が作成できるとは限らない。例えば，"discuss" が他動詞であることを問うテストを多肢選択式で作成しようとすると，質問文を They discussed（　　）the matter. として，選択肢を（a）about,（b）of,（c）with,（d）なし（あるいは×），などになるだろう。（d）の「なし」あるいは「×」という表現は，テストとして適切とは言い難い。自動詞か他動詞かを判断させるという問題であれば，多肢選択式は適切ではない。むしろ文の真偽を判定させる *They discussed about the matter.（T or F）のような形がふさわしい（2.3.2.2 節参照）。

錯乱肢作成の難しさ

4つ目の問題点は，生徒が選びそうな誤答の選択肢，いわゆる「もっともらしい」（plausible）錯乱肢を書く難しさである。特に4択問題（1つの正答肢と3つの錯乱肢）の場合，3つ目のもっともらしい錯乱肢の作成はほぼ不可能という研究者もいる（Brown, 2014：選択肢の具体的な検証方法については，2.4.2 節を参照）。例えば，比較の理解を問うテスト項目を作成するとしよう。よく見かける問題は，質問文を He comes to the office the（　　）in his company. として，選択肢を（a）early,（b）earlier,（c）earliest,（d）soon などと並べるものである。ある程度の能力を持つ生徒にとっては，最上級が正解であることは明白であり，原級や比較級と間違う可能性は低い。さらに意味は似ているとはいえ，他の原級の単語を選ぶことはほとんどないだろう。このように有効な錯乱肢を作成することが困難な場合が少なくない。

マイナスの波及効果の可能性

5つ目の問題点は，マイナスの波及効果の可能性があることである。特に入試など生徒にとって影響力の大きいテスト（high-stakes test）が多肢選択式で出題されるのであれば，生徒は実際に書いたり話したりする活動よりも選択問題を解く作業を中心に行うようになるだろう。控えめに見積もっても，多肢選択式のテストに向けて勉強することが産出能力を高めることに大いに貢献するとは言い難い。

最後の問題点は，不正行為を誘発しやすいということである。これは解答が単純な記号のため，情報交換が簡単にできてしまうためである。

このように多肢選択式は，大規模なテストでよく用いられている形式でありながらさまざまな問題点を含んでいることは否定できない。しかしながら，1つ1つのテスト項目の内容を慎重に検討し，かつ適切な項目数を確保できれば，信頼性が高まるだけでなく，内容のカバー率が高まり，内容面での妥当性も高くなり，しかも効率のよいテストを作成することが可能である。以下では，多肢選択式のテストを作成する際のポイントを見ていくことにする。

> **Q3**：選択肢の数はいくつが適当か。

適切な選択肢は3択

A：3択（正答肢1つと錯乱肢2つ）が適当と言える。英検や TOEIC，センター試験など主要な英語テストで最も多く目にするのは4択であるため，4択（正答肢1つと錯乱肢3つ）の方が良いと考える先生方が多いかもしれない。4択が好まれる理由は，上述のように，多肢選択式

の短所の1つである当て推量の確率が3択よりも低いからであろう。しかしながら，3択であっても当て推量で全問正答する確率は以下のようになる。1問のみであれば正答率は33%，2問だと11%，3問だと4%，4問だと1%，5問だと0.4%しかない（Downing, 2006）。このことから，選択肢の数が少ないからといって，当て推量によって得点が大きく左右されることはあまりないことがわかる。実証研究においても，3択が4択と同等の難易度や信頼性を保っていることが報告されている（Iimura, 2015; Shizuka, Takeuchi, Yashima, & Yoshizawa, 2006）。

テスト作成の負担軽減 また3択にすることで，作成する錯乱肢の数は2つになる。そうすると4択問題の時の3つ目の錯乱肢を考えるというテスト作成者の負担が軽減されることが見込まれる。4択を3択にすることで，1問ごとの分量（生徒が読んだり聞いたりする量）が減るので，同じテスト時間であれば，4択よりも3択の方が項目数を増やして出題することが可能となる。これによりテストの内容的な妥当性や信頼性が高まると期待できる。「選択式といえば4択」という既成概念にとらわれてしまうかもしれない。しかしテスト研究の知見に基づいたテスト作成を心がけるならば，3択での出題も可能であることも知っておいていただきたい。

Q4：多肢選択式テストはどのように作成したらよいか。

テスト作成のガイドライン A： 表3にあるガイドラインを参考にしてほしい。これは，これまでに出版された4冊のガイドラインを荒井（2015）が比較検証し，抽出した20項目を元にまとめたものであり，テストを作成する時に役立つ。荒井（2015）は，テストの専門家約20名に対して，これら20項目のガイドラインとしての妥当性（「妥当である」「場合による」「妥当でない」）を尋ねた。その結果，「3: ひっかけ問題」，「6：一義的な正解」，「7: 明確な表現」，「9: 正確な表現」の4項目は，専門家が一致して「妥当である」と判断したものであり，特に重要な指針と言えよう（表3で太字で記入）。しかしながら，専門家が「妥当である」と「場合による」の2つの意見に分かれた項目が複数確認されている。したがって実際の問題作成においては，上記4項目は従い，その他の項目は試験の目的や個別具体的なテスト内容に応じて柔軟に適用するという姿勢が望ましい。

表3　多肢選択式問題作成のガイドライン
（荒井，2015, p. 27を参考に作成，太字は特に重要な4項目）

1.	1つの問題では，1つの能力要素を問うようにする。
2.	質問の内容は重要なものにして，単純な記憶力や瑣末な内容を問わない。
3.	**ひっかけ問題を避ける。**
4.	質問の内容を受験者の能力水準に合わせる。

5.	複雑な多肢選択式（Type K; 注1）を避ける。
6.	正答が1つに決まるようにする。立場によって，正誤が変わるような問題を避ける。
7.	問われている内容が明確にわかるようにする。選択肢から推測しなくても済むようにする。
8.	繰り返し同じ表現を使うことを避ける。問題を解くのに不必要な内容を問題に含めない。
9.	正確なわかりやすい表現とし，不必要な専門用語や難解な語句は用いない。文法や句読点等，正確な表現を用いる。
10.	絶対的に正しい答えを選択する場合と，相対的に最も適切な選択肢を選ぶ場合とを区別して，質問する。
11.	質問部分も選択肢も，ともに否定ではなく肯定的な言葉遣いにする。否定表現を使う場合は，大文字や太字にするなど注意を喚起する。
12.	選択肢の数をむやみに多くしない。
13.	すべての錯乱肢をもっともらしい（plausible）ものにする。誰が見ても明らかな誤答は作らない。
14.	選択肢を等質に揃える。内容や文法構造を同じようにして，異質なものを作らないようにする。
15.	「上記のいずれでもない」（none of the above）や「上記のすべて」（all of the above）という選択肢は用いない。
16.	限定表現（always, never, only, all 等）は，なるべく用いない。
17.	複数の選択肢に正答への手がかりを入れないようにする（注2）。
18.	問題の共通部分や繰り返しとなる部分は質問文に入れ，選択肢はできるだけ短くする。
19.	選択肢の長さを揃え，正答肢だけ長くならないようにする。
20.	選択肢の提示順は，数字の大小や系統順など，理にかなった順に並べる。

注1：Type K とは，以下のように，まず複数の選択肢が提示され（例：1. China），その組み合わせ（例：A. 1 and 2）の中から正答を選ぶ形式。

Which country appeared in the movie X?　　1. China　2. Japan　3. Korea
［A. 1 and 2　　B. 2 and 3　　C. 1 and 3　　D. 1, 2, and 3］

注2：例えば，What do they need? という設問で，(A) A beautiful book, (B) A difficult book, (C) An expensive magazine という3択の場合，(C) だけ book が使われていないため，正解は (A) か (B) のどちらかだろうと予想がついてしまう。あるいは正確に理解できた場合のみ正解できる問題として，(C) を正解にしようと考えるテスト作成者もいるかもしれない。深く考える生徒は，このような可能性まで考えて回答するだろうが，それは選択肢を過度に意識した行為であり，本来測りたい能力とずれてしまうことが多い。そのため，選択肢の質としては改善が求められる。その解決策としては① (A) A beautiful book, (B) A difficult newspaper, (C) An expensive magazine のように重複する語をなくす，② (A) beautiful, (B) difficult, (C) expensive にして，What kind of book do they need? のように質問文に book を入れるなどが考えられる。

2.3.2.2 多肢選択式以外の受容技能テスト問題の作り方

> **Q1**：多肢選択式以外に，どのような形式があるか。

受容技能のテスト形式

A：受容技能テストには多肢選択式テスト以外の形式が複数存在する。①真偽判定（True or False = TF, Yes/No），②組み合わせ（matching），③並べ替え（ordering），④空所補充（gap-filling），⑤情報転移（information transfer），⑥短文解答（short-answer）の 6 種類が代表的である。さらに，文章の中に不足している語を補う，または不要な語を除く形式も存在する。出題する形式によっては産出技能が関わる場合もあるが，本節で紹介するものは，基本的に受容技能のテストとされるものを集めている。それぞれ例を示しながら紹介する。

(1) 真偽判定

TF テストの呼び方や分類方法はさまざまだが，本書では「2 つの選択肢の中から正答を選ぶもの」として扱う。「正しいか，正しくないか」が答えとなるテスト形式である。読解問題などの場合は，"Are the following statements true or false?" という問いかけをして，事前に提示した英文と関連する複数の真偽判定文を用意することがある。「複数」の質問に答えるという性質から複数真偽判定（multiple true-or-false）と呼ばれている（Haladyna, 2015）。

［例］次の文が正しい場合には T，誤りの場合には F に○をつけなさい。
　　　The earth goes around the moon.（T/F）　【解答：F】

(2) 組み合わせ

リスト（語，句，節，文，段落，視覚情報など）が与えられ，それに対応するものを選択肢の中から選び，当てはめていくテスト形式である。以下に示すのはリスニングの例である。

［例］放送を聞いて，それぞれの人物の職業を選択肢の中から選び，かっこ内に記号を書きなさい。

> Andy is working at a hospital and helping patients to relax their minds. His sister Mary is teaching linguistics at a university. Mary's husband Tom is a world famous biologist. Tom's sister Jessica is studying music at Mary's university.

名前　(1) Andy（　）(2) Mary（　）(3) Tom（　）(4) Jessica（　）

選択肢　A. student　B. novelist　C. scientist　D. interpreter
　　　　E. teacher　F. therapist

【解答：(1) F, (2) E, (3) C, (4) A】

さまざまな単位で並べ替え

(3) 並べ替え

　語単位，句単位，文単位などで出題する方法と，節単位，段落単位で並べ替える方法がある。読解問題や文法問題の形式として使用されることが多い。3番目と6番目など特定の順番に当てはまる語を答える形式は，英検やセンター試験の問題でもよく見かける一般的なものである。また，並べ替えた時に不足する語を補ったり，不要な語を削除したりしながら，文の並べ替えを完成させるものもある。

[例] 以下の語を並べ替えて適切な文を作り，全文を書きなさい。

(*had, heavy, last, snowfall, we, weekend*)

【解答：We had heavy snowfall last weekend.】

(4) 空所補充

　空所補充には，大きく分けて①空欄に該当する語を補充するもの，または②選択肢から補充する語を選ぶもの，③提示された語をヒントにして，語形変化させて解答するもの，④英文の日本語訳を参考にして空所に適切な語を補充するもの，の4つが挙げられる。④は英語で授業を行うという方針からは避けた方がよいだろう。以下に空所補充の問題の例を2パターン載せておく（問題文はVoice of America (2016b) より一部使用）。

[例1] 以下の英文を読み，前後の文脈を参考にしながら (a) 空所に当てはまる語を1語補充しなさい。または，選択肢が与えられている場合は (b) 選択肢から適切な語を選び補充しなさい。

Why It's Harder to Sleep in a New Place

Have you ([1]　) had trouble sleeping in a new place? Lots of people do. And now researchers from Brown University in Rhode Island think they know ([2]　). They found that one-half of the brain "remains more awake" than the other ([3]　) when people are trying to sleep in a new place . . . （続く）

※選択肢を与える場合の例→ [2] what, when, who, why のうち適切なものを選ぶ。　　　　　　　　　【解答：[1] ever, [2] why, [3] half】

[例2] 以下の英文を読み，前後の文脈を参考にしながら (c) かっこ内の語を適切な形に変化させて空所を補充しなさい。

Why It's Harder to Sleep in a New Place

　Have you ever had trouble ([1] sleep) in a new place? Lots of people do. And now researchers from Brown University in Rhode Island think they know why. They ([2] find) that one-half of the brain "remains more awake" than the other half when people are trying to sleep in a new place . . . （続く）

【解答：[1] sleeping, [2] found】

(5) 情報転移

リーディングテストやリスニングテストで用いられるテスト形式である。提示された情報を正しく読んだり聞き取ったりした成果を，表や図に転記する方法，または地図をたどるなどして示す方法が代表的である（Brown & Abeywickrama, 2010）。情報を選択的に読み取る，または聞き取った内容を別の情報にまとめていくテスト形式である。情報を転移する能力は，日常生活で必要とされる作業とも関連が強いため，真正性の高いタスクとして分類される（e.g., Alderson et al., 1995; Brown & Abeywickrama, 2010）。例えば，聞こえてきたアナウンスをもとにして，時刻表や時間割に予定を書き込む，地図上から目標の建物や場所を探す，読解や聴解をしながら必要な情報を見つけ出す，という作業は日常でも行う活動であり，現実と内容が近いという特徴がある。

高い真正性

(6) 短文解答

文章を読んで，あるいは音声を聞いて，1語，数語，1文などで短く簡潔に質問に答える形式である。短文解答では，あまり長い答えを要求しないものを前提としている。自由解答（open-ended）との違いは，解答の長さと考える（Alderson et al., 1995）とわかりやすい。文法の知識を問うものであれば，例えば，"My father repaired this shelf." という能動態の文を「受動態に書き換えよ」という指示を出し，"This shelf was repaired by my father." と書かせるものも短文解答になる。

> **Q2：多肢選択式以外の受容技能テストは，どう活用できるか。**

授業・定期テストでの活用

A： 実際の授業の中での使用例，また定期テストにおける使用例を簡単にまとめて紹介する（表1参照）。表の中には，リーディング（読解，R），リスニング（聴解，L），文法・文法問題の例を挙げている。代表的な例として参照されたい。

表1　多肢選択式以外の受容技能テストで測れる知識・能力

テスト形式	測りたい知識・能力
[1] 真偽判定	R（内容理解），L（内容，音素などの聞き分け）
[2] 組み合わせ	R, L（内容理解）
[3] 並べ替え	R（パラグラフの並べ替え，単語を並べ替えて文を作る）
[4] 空所補充	R, L（読解や聴解をもとに空所に適切な語を補充する。内容理解）
[5] 情報転移	R, L（図，表，グラフ，地図に内容をまとめる。内容理解）
[6] 短文解答	R, L（内容への問いに短く答える。内容理解）

> **Q3：テスト作成にあたって考慮すべき点は。**

A： Q2の［1］〜［6］の形式の良い点，作成にあたっての注意点とその理由を表2にまとめる。

　表2の内容を見ると，出題内容を簡潔にしたり，生徒の負担を減らしたりする各形式のメリットが浮かび上がってくる。しかし，テスト作成時には，生徒に混乱を与えないように明確な指示を出すことや，テストの見やすさを考慮することが重要となる。

指示の明確さとテストの見やすさに注意

　「［1］真偽判定」のように比較的作りやすいテスト形式であっても，油断は禁物である。「［2］組み合わせ」のテスト形式も作成しやすいように思えるが，内容の偏りが出ないように選択肢を作成しなくてはならない。与える情報の偏りが，解答のヒントになってしまうこともある。「［3］並べ替え」や「［4］空所補充」の問題を作る際は，事前に解答を必ず作成しておく。また，「［5］情報転移」ではあまりに凝りすぎた複雑な問題を出さないように意識したい。複雑すぎる問題とは，例えば問題用紙の絵や図に含まれる情報が多すぎて，問題となる英文を読んだり聞いたりすることよりも，絵や図の情報を把握しようとする方に意識の集中が必要なものである。ひとつの問題で10か所以上の場所を選ばせることを意図したような情報転移の問題は避けた方が賢明である。

　「［6］短文解答」の際には，短く簡潔に答えさせることができるか，事前の念入りな準備も必要である。事前テストを行って想定される解答の種類を把握しておきたい。また，短文解答の形式で答える練習を授業内でしておくことも重要である。あまりにも見慣れない形式でテストをすると，生徒が実力を出し切れない可能性も出て来てしまうからである。

　テストを通して，自分が測定したい内容をうまく反映できるようなテスト形式をその都度選べるように，日頃からさまざまな出題方法を知っておきたい。

表2　多肢選択式以外の受容技能テストのまとめ

テスト形式 （※：良い点）	考慮すべき点や注意点	理由
[1]～[6]で共通	●質問文の指示を明確に ●複数の正答が出ないように注意 ●テスト用紙に見やすく配置	→ 生徒が混乱してしまうのを避ける → 生徒が情報をすぐに読み取れるようにする
[1][abcd] 真偽判定 ※作りやすさ	●項目数を多めに用意 ●ひっかけ（tricky）問題を避ける ●真偽（正誤）の割合が偏らないように注意 ●肯定文，否定文の割合に注意	→ 信頼性を高める → 混乱を防ぐ。測りたい能力を測る → ヒントを避ける → ヒントを避ける
[2][ade] 組み合わせ ※解答しやすさ	●正答とならない選択肢も入れる ●選択肢の内容の偏りに注意 ●質問文と選択肢には別々の印をつける（例：質問文は番号，選択肢はアルファベット） ●設問が他の設問から独立していない	→ 当て推量を防ぐ → ヒントを避ける → 問題を解く際の見やすさを配慮する → 1問解くと選択肢数が異なる
[3][afg] 並べ替え ※解答しやすさ	●測りたい内容が問題に反映されていることを確認	→ テストとしての妥当性を確保する
[4][gh] 空所補充 ※特定の内容に焦点を当てて出題可能 ※解答しやすさ	●何をテストするかを明確にする（空所に何を補充する問題なのかがわかるようにしておく） ●文脈や音声を与えて空所補充させる場合には，与える情報が確実に解答の手がかりとなるように，空所との整合性を事前に確認 ●必要であれば空所補充する内容に選択肢を用意	→ テストの内容を把握するために生徒が混乱するのを防ぐ → 与える情報から空所に入る内容が読み取れるように配慮する → 選択肢で難易度を調整できる
[5][a] 情報転移 ※真正性の高さ	●複雑すぎる作業は求めない（例：情報を記入する以外の作業は含めない） ●言語能力以外を問わない ●採点者全員が答えを導き出せるようなわかりやすい問題にする ●日常生活でもありうるような設問にする（例：地図・予定表を使用）	→ 生徒が問題内容を見るための時間を必要以上にかけさせない
[6][bf] 短文解答 ※簡潔さ	●必要に応じて多肢選択式で出題 ●簡潔な答えを誘導する質問を作成 ●部分点の与え方に注意（例：難しい問題は配点を高くする） ●事前テストを行う（事前テストが難しい場合は，実際の解答をもとに判定基準を作ってから採点する）	→ 解答しやすくする → 問題の指示を明確にする → 問題の特性を考慮し，部分点が必要な場合は事前に配点を検討しておく → 出てくる解答の種類を予測。採点基準のぶれをなくす

注：表にまとめた内容は以下の文献を参考にしている。[a]Alderson et al. (1995), [b]Brown (2014), [c]Downing, Baranowski, Grosso, & Norcini (1995), [d]Haladyna (2015), [e]Haladyna & Rodriguez (2013), [f]Hughes (2003), [g]若林・根岸 (1993), [h]Weir (2005).

2.3.3 技能統合型テスト形式

> **Q1**：技能統合型テストにはどのような形式があるか。

A： 2.2.6 節で述べたとおり，技能統合型テストは「ある程度長い英語インプット（リスニング，リーディング）の理解・処理を伴うアウトプット（スピーキング，ライティング）を評価するテスト」であり，現実の英語タスクに近いという特徴がある。したがって現実に起こり得るタスクと同様に，技能統合型テストにはさまざまな形式が考えられる。Cumming（2014）は技能統合テストを，情報の統合度合いが弱いテスト，中程度のテスト，強いテスト，の 3 つに分類している。

情報の統合度合いが弱いテストでは，生徒はインプットした情報をアウトプットに結びつける必要はない。インプットした内容はアウトプットさせるための文脈を与えるものとして存在する。通常の単独型スピーキング・ライティングテストにおける指示文が長い英語で書かれている形式と考えてよい。ここでは英語インプットを理解する必要はあるが，理解した情報をアウトプットに使う必要はない。ロールプレイの条件や状況が英語で事細かに記述されたものを読んでスピーキングを行うものや，Cambridge First Certificate in English（http://www.cambridgeenglish.org/exams/first/ 参照）に見られるような 160 語程度のメールに返事を書くというものがこれにあたる。

情報の統合度合いが中程度のテストは，アカデミック英語のテストによく見られる形式である。一般にこのテストで生徒が行うことは，インプットした情報を要約する，情報をもとに自分の意見をアウトプットする，もしくはその両方のいずれかである。英語インプットを理解するだけでなく，情報を選択する，要約する，インプットの英語を変換する，自分の意見とインプットの情報を結びつけるという，より複雑な認知プロセスが求められる（Knoch & Sitajalabhorn, 2013）。

情報の統合度合いが強いテストでは，より現実のタスクに近い形でさまざまなインプット情報を統合することが求められる。統合度合いが弱い・中程度のテストよりもさらに複雑にインプットやアウトプットの活動が絡み合う。例としては 2.2.6.2 節で紹介したようなディベート活動が考えられる。多くのタスクベースの評価がこの形式にあたる。

> **Q2**：技能の組み合わせにはどのようなパターンが考えられるか。

A： 技能統合型テストの形式で一番単純な技能の組み合わせは，インプット＋アウトプット各 1 つの 2 技能の組み合わせである。しかし 3 技能やそれ以上の組み合わせも可能である（深澤, 2015）。テストとして実施する場合は，まずは 2 技能の組み合わせから試してみることが

（欄外）
技能統合テストの情報の統合度合い

まずは 2 技能の組み合わせから

望ましいであろう。組み合わせる技能が多いと，テスト作成や診断的フィードバックがより困難になるからである。

> **Q3：生徒が話したものや書いたものを，他の生徒のインプットとして使用することはできるか。**

A： ディベートやプレゼンテーションなど，生徒がアウトプットした英文を他の生徒が読んだり聞いたりする活動は数多くある。しかし，テストとして技能統合型を実施するのであれば，生徒がアウトプットしたものを他の生徒のインプットとして使用するのは避けた方が無難である。大きな理由としては，生徒のスピーキングやライティングに大きな問題があって理解が困難であった場合，テストとして成り立たないためである。インプットの英文は教師が用意して生徒に与えるのがよい。

> **Q4：どのようにして技能統合型テストの形式を決めればよいのか。**

A： 到達度テストであれば，授業で行った活動と同じ，または似た形をテストとして採用すればよい。熟達度テストであれば，生徒が将来どのような英語使用を行うかを分析し，それと同様のテスト形式を選ぶとよい（2.1.1 節参照）。しかしいずれの場合においても，テストとして実施するには複雑で不適切な形式もあるため，教室や現実に起こる英語使用を想定しつつ，2技能の統合から試すとよい。スピーキングの場合は生徒同士でやりとりさせるよりも，生徒が1人でアウトプットするモノローグ形式の方が，最初は望ましい。

> スピーキングの場合，まずはモノローグ形式から

テスト形式の具体的なイメージを与えるために，いくつか例を挙げる。ここでは統合度合いが中程度の形式に絞る。この形式は，近年特に大学入試やアカデミックな英語能力を測定するテストで注目されてきているため，大学進学を目指す生徒には，ぜひ早い段階から慣れ親しんでおいてほしいものである。難易度は生徒が読む・聞く英文のトピックや文法・語彙によって調節が可能である。この形式で生徒が行うことは，①インプットを再現もしくは要約，②インプットをもとに自分の意見をアウトプット，①と②の両方，のどれかである。

表1，2に①と②のテスト形式を挙げた。前者は，英文を理解し，必要な情報を選択し，（アウトプット時に英文提示がないならば特に）内容を記憶し，自分の言葉で言い換えてアウトプットする作業を必要とする形式である。後者は，英文を理解し，必要な情報を選択し，その情報と自分の意見を結びつけてアウトプットする作業を必要とする形式である（テスト形式は，それぞれの文献に書かれている形式の一部である）。

①と②を組み合わせることも可能である。その場合は①の後に②を実施させるとよい。アウトプットまでの認知プロセスが多くなるため，難易度は一番高いと考えられる。なお，提示英文の語数や準備時間・アウトプットの時間などは生徒の英語能力などに基づき，調整する。

表1　①インプットを再現もしくは要約するテスト形式

テスト	技能	手順	備考
物語の再現 （Story Retelling; 平井，2015）	R → S	1. 短い英文を2分で読む（100語程度） 2. 英文を見ずに2分半で内容を話す	内容を話させる際にいくつかキーワードを与えてもよい。
ノート取り （Notetaking; Brown & Abeywickrama, 2010, pp. 178-179）	L → W	1. 2～3分の英文を聞く 2. 聞きながらノートをとる	英文は記述文が適している。何を書くかを明確に指示するとよい（例：主題についての利点と問題点をそれぞれ3つずつ書くこと）。
言い換え （Paraphrasing; Brown & Abeywickrama, 2010, pp. 203-204, p. 276）	R → S L → S R → W L → W	1. 1段落程度（80～100語）の英文を読む，もしくは聞く 2. 2～5文の英文に言い換える，もしくは書き換える	英文のタイプは何でも良いが，日記，記述文，電話のメッセージが特に適している。要約の前段階として実施するとよい。
要約 （Summarizing; TOEFL iBT 参照）	R → S L → S R → W L → W	1. 2～3段落程度（200～350語）の英文をメモを取りながら読む，もしくは聞く 2. 30秒間で要約の準備をする 3. 60秒で内容の要約をする	英文は話者・筆者の意見を示す英文や説明文が適している。何をアウトプットさせるかを明確に指示をしてもよい（例：筆者が主題に反論している理由を書くこと）。

表2　②インプットをもとに自分の意見をアウトプットするテスト形式

テスト	技能	手順	備考
1つの英文に対する意見表明 （Responding to a text; TOEFL iBT 参照）	R → S L → S R → W L → W	1. 2～3段落程度（200～350語）の英文を読む，もしくは聞く 2. 30秒間で意見を準備する 3. 60秒で英文に対する自分の意見を話す，もしくは書く	議論的な英文が適している（例：制服の利点と問題点）。何についてアウトプットするかを明確に指示してもよい（例：英文にある制服の利点と問題点に基づき，制服があれば良いか否かに対する自分の意見を説明すること）。
複数の英文に対する意見表明 （Responding to multiple texts; TOEFL iBT 参照）	L → R → S R → L → S L → R → W R → L → W	1. 2～3段落程度（200～350語）の英文を読む，もしくは聞く 2. 関連した内容の英文を聞く，もしくは読む 3. 30秒間で意見を準備する 4. 60秒で英文に対する自分の意見を話す，もしくは書く	話者もしくは筆者の何かに対する意見を述べている英文が適している。1と2で異なる意見を述べている英文を提示し，どちらを支持するかをアウトプットさせるとよい。

2.4 テスト実施後の注意点

2.4.1 テスト結果のフィードバック方法

テスト結果を具体的な形で返すことで，生徒は自分の英語力の長所と短所に気づき，学習に結びつけやすくなる。結果の返却方法には，(1) いつ，どのように返すかという側面と，(2) 返却物にどのようなフィードバックを入れるかという2つの側面がある。(1) については，返却はできるだけ早く，個別にコメントをしながら返すのが良いが，時間が取れないこともある。Q1 では (2) についてまとめる。

> 望ましいのは，早い返却と個別のコメント

Q1：テスト結果の返却物に学習に役立つフィードバックを入れたいのだが，どうやったらよいか。

A：結果の返却時には，

(a) 総得点だけでなく，
(b) 観点別評価や評価規準ごとの得点

も入れる。大問や小問ごとに解釈できるようにするためには，ある程度のテスト項目数を入れ，信頼性を高めに保つことが必要である（2.1.4節参照）。また，(a) と (b) の数値的な情報だけでなく，

(c) 能力のバランスの良さ・悪さがわかるようなグラフ
(d) 今までの学習についての自己評価の欄
(e) 反省や今後の課題をまとめる欄

があるとさらに役立つ（上山, 2014）。(a) と (b) はテストの解答用紙に欄を作っておけばよい（1.1節参照）。さらに，(a) から (e) を含む「英語カルテ」を生徒にまとめさせることもできる（上山, 2014）。生徒がまとめることで作成の手間が省けるだけでなく，まとめる過程で生徒が自分の英語能力についてより深く考えるきっかけになる。次のページの図1は，上山（2014）に基づいて作成した「英語カルテ」である（大修館書店ウェブサイトで提供。さらに詳細なものは上山, 2014, p. 108 参照）。カルテ中の60％などの基準は平均点や到達目標によっても変わる。

> 生徒がまとめる英語力カルテ

英語カルテ　　Class (A) No. (4) Name (Sakura Iwashimizu)

大問と配点	テストしている力	得点	復習
	例	7/10点 (70%)	
1. リスニング（L）	概要理解	8/10点 (80%)	多聴
	詳細理解	6/10点 (60%)	精聴
2. 単語	語句の理解	9/10点 (90%)	Note
3. 文法	語形の理解	7/10点 (70%)	Note
4. リーディング（R）	概要理解	10/10点 (100%)	多読
	詳細理解	8/10点 (80%)	音読
5. ライティング（W）	制限型W	5/10点 (50%)	Note
	自由型W	6/10点 (60%)	Note
6. スピーキング（S）	制限型S	4/10点 (40%)	Note
	自由型S	3/10点 (30%)	Note
	総合点	66/100点 (66%)	

注：復習＝復習の時に行う活動。Note＝ノート，ハンドアウトを見直して覚える。

観点別	対象	得点
言語・文化の知識・理解	大問2・3：単語・文法	16/20点 (80%)
理解の能力	大問1・4：L, R	32/40点 (80%)
表現の能力	大問5・6：W, S	18/40点 (45%)

◆自己評価　1. ほとんどできなかった　2. 少しだけできた　3. かなりできた

宿題にきちんと取り組めた	1 ② 3	試験勉強をしっかりできた	① 2 3
復習として音読ができた	1 ② 3	授業で声を出して練習した	1 ② 3
復習で重要点をまとめた	1 2 ③	授業で集中して取り組めた	1 ② 3

◆分析しよう

1. よくできたところ	リーディングと単語。これは得意。
2. 復習が必要なところ	ライティングとスピーキング

3. やって良かった，続けたいと思う勉強	単語練習，多読，教科書付属の音声を聞いて音読するのは役立った
4. やればよかったと思う勉強	ライティングとスピーキングは，もらったプリントを使ってもう一度練習すればよかった
5. その他，感想・反省	テスト前に集中して勉強できなかった
6. これからの目標・決意 （授業・授業外で）	授業ではさらに集中する。家では英語を書いて話す練習をして，先生に見てもらう

図 1　英語カルテの例

注：2.1.2 節の「テスト細目」に基づく。「復習」の欄には，その知識・能力を高めるために復習として行う活動を示す。ゴシック体は生徒が書き込んだ例

Q2：Q1 で挙げられたフィードバックを行ったが，あまり効果がなかったようだ。何か工夫できることはあるか。

フィードバックのチェックポイント

A： 以下の 4 点を確認したい。

第 1 に，生徒が読むフィードバックの量が適切か。よく読めばわかりやすい詳細な説明でも，きちんと読む生徒は多くはない。読む気になるような適切な量の提示が必要である。

第 2 に，指導や学習につながるような情報があり，実際に行動しやすいか。図 1 のカルテでは，復習の指示をより具体的にするなど。

第 3 に，情報の読み取り方について，文字で説明するだけでなく，口頭でも説明しているか（Sawaki & Koizumi, 2015）。クラス全体に説明するだけでなく，各自で結果を読み取らせ，感想・今後の課題をまとめさせ，グループやペアで内容を共有させる。可能ならば個別にもアドバイスを行う。

第 4 に，テスト返却時だけでなく，継続的に振り返りを行うために，英語カルテを綴じて定期的に確認するように指導する。一覧できる記録シートに，得点や弱点の変遷の記録を生徒自身にまとめさせるのもよいだろう。シートはカラー用紙で印刷すると目立つので振り返りやすく，なくしにくくなる。

2.4.2　テスト結果の使い方，読み取り方

一般的には，定期テストの実施後には，採点や得点の記録を行って平均値を計算するだけかもしれないが，それだけではもったいない。生徒の回答には生徒の理解度の特徴やテスト問題の質がわかる貴重な情報が入っている。答案をコピーし，余裕のある時に分析するのが望ましい。

Q1：各生徒の設問ごとの結果を入力したが，どのように分析したらよいか。

S-P表分析

A：S-P表分析が手軽でわかりやすい。この分析から問題のある設問や，生徒の知識・技能のゆがみがわかる。S（student）-P（problem）表分析とはテスト結果を分析する1つの方法である。設問ごとに生徒の回答を入力し並べ替えることで，生徒の知識・能力を視覚的に把握できる。一例として，7問の読解テストを7人の生徒が受験した結果を，S-P表にまとめた。1は正答を，0は誤答を意味する。

生徒名	問1	問2	問4	問3	問5	問6	問7	得点
境	1	1	1	1	1	1	0	6
森田	1	1	1	1	0	1	0	5
岸部	1	0	1	0	1	0	1	4
堤	1	1	1	0	0	0	0	3
筧	1	1	0	1	0	0	0	3
林	0	0	0	0	1	1	1	3
泉	0	0	0	0	0	0	1	1
正答者数	5	4	4	3	3	3	3	25

図1　S-P表分析の例

図1では，高い得点順に上から（6点から1点へ），正答者数順に左から（5点から3点へ）並んでいる。太線はS曲線と呼ばれ，得点ごとに表の左から右へ数えた部分に引いてある。例えば境君は6点なので左から6数えたところまで，森田君は5点なので左から5数えたところまでである。点線はP曲線と呼ばれ，正答数ごとに表の上から下へ数えた部分に引いてある。例えば問1は5人が正答したので上から5数えたところまで，問2は4人が正答なので上から4数えたところで引いてある。

S-P表の得点の欄から生徒の理解度状況が，正答者数の列から設問の正答状況がわかる。S曲線（太線）より左は1のみ，右は0のみ，P曲線より上は1のみ，下は0のみであるのが理想的である。実際はずれることが多く，ずれを分析することで生徒の理解度の中でも特に注意を要する点がわかる。例えば堤君・筧さん・林君の得点は同じだが，中身は異なる。S曲線を見ると，例えば堤君は易しい問（1, 2, 4）を着実に正答し，難しい問は誤答である。林君は易しい問を間違え，難しい問に正答している。堤君は基礎が定着しているが，林君の理解は不安定で，基礎が十分でないところに難しい事項を身につけようとして，学習方法が適切でない恐れがある。岸部さんも同様で，S曲線の左右で2問ずつ正答し，偶然かもしれないが理解度にばらつきが見られる。

基礎の定着や理解度の不安定さがわかる

P曲線（点線）を見ると，問3, 5, 6, 7は正答者数が同じだが，中身は異なる。問3は得点上位者が主に正答しているが，問7では正答者3

名中 2 名（林君・泉さん）は得点が低い生徒である。得点上位者が間違いやすく下位者が正答しやすい設問には何か問題があるだろう。設問を見直し，指示がわかりやすいか，不要に迷わせる選択肢がないかなどを確認し，可能な場合にはその設問を除いて合計点を出したり，今後使う場合には修正したりすべきである。どんな項目に問題があり，うまく機能しない可能性があるかについては，2.3.2 節を参照のこと。

なお，両曲線の左・上側にある 0 は易しい設問での誤答を表し，うっかりミスかもしれない。しかし，あまりにも多い場合は検討が必要だろう。また，両曲線の下側にある 0 は理解できていないと思われ，指導が必要だろう。

なお S-P 表分析では，5 問のテストを 8 人の生徒が受験など，設問数と生徒数が不一致でも問題ない。1 問 3 点満点等の部分点がある設問でもかまわない。実際には S 曲線は赤で，P 曲線は青で記載されることが多い。上記の表の作成では，富山県中学校教育研究会（http://www.ktkk.ico.bz/tyousa.html）の S-P 自動作成エクセルファイルを用いた。設問ごとの結果を入力してボタンを押すだけで，自動的に，難易度や得点順に結果が並び替わり，S-P 曲線も引かれる。上記サイトには解説書もあり，お勧めしたい。

> **Q2**：多肢選択肢はどのように分析できるか。

A：多肢選択肢の質を調べるためには多くの分析方法があるが，手軽でわかりやすい，以下 2 つを紹介する。1 つ目は得点上位者（例えば 33%）と得点下位者（例えば 33%）の正答率を比べ，上位者の正答率が下位者の正答率よりも高いかという，弁別力（識別力：discrimination）を確認する方法である。実施したテスト結果で区分する以外にも，教師が授業中の観察により，必要な力を身につけている生徒と，そうでない生徒を見つけ，これら 2 群の生徒の正答率を比較することも可能である。正答率がほぼ同じ，または逆転しているならば，設問などを見直すべきだ。S-P 表を使っても似たような分析はできるが，生徒数が多いとパターンが把握しにくい。詳細は小野塚・島田（2008）が参考になる。

2 つ目は実質選択肢数（actual equivalent number of options: AENO）と各選択肢の選択率の分析である。この分析で，各選択肢が大きな偏りなく選択されているか，実際にどの程度機能しているかがわかる。この分析にも，上述の富山県中学校教育委員会作成のファイルが使える。設問ごとに，正答誤答のみのイチゼロ形式でなく ABCD など，選択肢の情報を入力することになる。

例えば，選択肢 ABCD の各選択者数（総計 40 人）が以下とする。問 1 のように A～D の選択者数がほぼ同じであれば AENO は選択肢数の 4 に近く，選択肢すべてが同様に選ばれたことがわかる。逆に問 3 では

9割の生徒が正答を選び，4つの選択肢のうち1.54個しか実際には選ばれず，せっかく4つの選択肢を作っても2つの選択肢はほぼ機能せず，残念ながら意味がなかったことがわかる。作成の手間を考えれば，AENOが小さい設問では，選択肢数を減らしてもよかったこと等がわかり，今後作成の際に参考になる。

表1　実質選択肢数（AENO）と各選択肢の選択数（%）の分析例

	A	B	C	D（正答）	AENO
問1	9 (22.5%)	9 (22.5%)	9 (22.5%)	13 (32.5%)	3.94
問2	8 (20.0%)	5 (12.5%)	7 (17.5%)	20 (50.0%)	3.43
問3	1 (2.5%)	1 (2.5%)	2 (5.0%)	36 (90.0%)	1.54
問4	36 (90.0%)	1 (2.5%)	2 (5.0%)	1 (2.5%)	1.54

> 到達度テストでは選択肢の選択率に注目

一般的なテスト作成では，選択肢が4個の場合には，AENOが4.00に近く，問2・3のように正答の選択肢を選んだ人が最も多いのが望ましい。意図的に入れた応用力を問う設問や熟達度テストの設問の選択肢であれば特にそうである。しかし，到達度テストである定期テストの場合（2.1.1節参照），指導内容を理解し，全員が満点を取るのが好ましいため，AENOが小さくても問題ない場合もある。そのため校内テストでは，AENOよりは，各選択肢の選択率の方が役立つ。例えば問4のように，誤答を明らかに多くの生徒が選んだ場合には，設問に問題がなかったかを再検討する必要がある。ただし，誤答選択肢の選択率が高くても，英語が苦手な生徒のみが選んでいるならば，特に問題はないという結論になることもある（選択肢数については 2.3.2.1 節 Q3 を参照）。

紙面の関係で扱えなかった有用な分析法はその他にも多くある。テストの設問の難易度（difficulty）や，能力の違いを見分ける弁別力（discrimination）などを分析する項目分析（item analysis）が一例である（小野塚・島田, 2008; 野口・大隅, 2014）。langtest.jp（Mizumoto, n.d.）や浦野（2014）が大いに参考になる。これ以外にも，項目応答理論などさまざまなテスト結果の分析法があり，2.1.4節で触れたテストの良さを調べる妥当性検証においては，複数の分析法からテストを詳細に検討していくことになる（Bachman & Kunnan, 2005; Carr, 2011）。

テストの作り方と使い方には，指導と同様に押さえるべき基本があり，より適切な教育のためには，言語テスティングの知識が不可欠になる。教育養成・研修の中で，評価やテストの扱いが増えることを願う。

● 2.4.3　PDCAサイクルによるテスト結果の生かし方

PDCAサイクルとは，教育にも近年応用されているビジネスマネジメントの手法の1つで，Plan（計画），Do（実施・実行），Check（点検・評価），Act（処置・改善）の頭文字をとったものである（望月, 2015a）。

この4段階の作業を順次行い，最後のActを次のPDCAサイクルにつなげていくことにより，ビジネス場面では品質管理などの業務を継続的に改善する。表1は，テストの結果をCAN-DOリスト，シラバス，授業，そしてテスト自体に活かすPDCAサイクルの例である。年単位で行う場合もあれば，学期ごとなど短い単位で行うこともある。

Checkの段階で役立つテスト結果

教育現場でのさまざまなテストの結果は，第3段階の「点検・評価」を行う上で重要な情報となる。その情報をもとに点検を行い，見つかった課題を第4段階で処置・改善をして，次のPDCAサイクルにつなげる。

表1 テストを次年度に活かすPDCAサイクルの例

段階	PDCAサイクル	具体的内容
1	Plan（計画）	①CAN-DOリストを作成し各学年で達成すべき能力・技能を明示する。②達成するための方策・学習計画をシラバスに書く。③より具体的な内容や活動を単元計画に書く。④CAN-DOリストで目標とした知識・技能を測る評価計画を作成する。
2	Do（実施・実行）	CAN-DOリスト，シラバス，単元計画をもとに，授業を展開し，評価計画に従ってテストを実施する。
3	Check（点検・評価）	授業での学習内容に基づくテスト（例：定期テスト，パフォーマンステスト）などの結果を使って，テスト，授業，シラバス，CAN-DOリストの点検・評価を行う。
4	Act（処置・改善）	課題となった箇所の処置・改善を行い，次の計画の立案に活用する。

Q1：テスト結果を次年度に生かしたいのだが，どのような改善に役立てることができるか。

A：テスト結果を活用して，①テスト・評価方法の改善，②授業（指導方法）の改善，③シラバス・CAN-DOリストの改善に役立てることができる。テスト結果の検討には，以下の5点を準備する。

(a) 学年末に評定を出す際に使用する評価の結果（テストの得点やパフォーマンステストの評価など）をまとめた表
(b) テスト
(c) 授業で使用した主なハンドアウト
(d) シラバス
(e) CAN-DOリスト

テスト細目もあると，詳細な検討がより円滑にできる。

	(1) テスト・評価方法の改善
測ろうとした能力をテストで測っていたかの検討	まず，テストで測ろうとした能力（構成概念）を測っていたかを検討する。上の資料 (a)〜(e) のすべてを使用する。(e)「CAN-DO リストで目標としていた能力」と (c) と (d)「授業で伸ばそうとしていた能力」，(b)「テストで測ろうとしていた能力」，そして (a)「評価の結果」のつながりを検討することにより，測るべき能力や技能をテストで測定していたか，つまり内容の側面におけるテストの妥当性を確認することができる。もし，CAN-DO リストに示されている目標や授業の学習内容と，テストで測ろうとしている能力が一致していない場合や，評価の結果における4技能のバランスが著しく悪いような場合は，次年度に向けてテストや評価方法の修正を行う。バランスが悪い例として，CAN-DO リストでは4技能それぞれバランスよく取り扱われているのに，評価の結果ではリーディングの評価の割合が著しく大きいような場合が挙げられる。
目標の望まれる達成度の確認	次に，資料 (a)，(b) を使用してテスト結果の検討を行う。検討に先立ち，CAN-DO リストなどに示されている学習到達目標の，望まれる達成度について確認しておく。文部科学省初等中等教育局 (2013) によると，学習到達目標とは，すべての生徒が達成すべき目標である (p. 26)。観点別評価 (2.1.3節参照) においては，評価規準ごとに「十分満足できる」状況 (A)，「おおむね満足できる」状況 (B)，「努力を要する」状況 (C) で評価するとしているが，すべての生徒が B 段階以上の評価となることが求められている (NIER, 2011)。現実的に考えても，「おおむね満足できる」状況の生徒の割合が，75〜80％かそれ以上であることが望まれよう。
テスト結果の検討	この学習目標の望まれる達成度を確認した上で，テストの結果を検討する。「十分満足できる」状況の生徒が100％に近かったり，テスト平均点が9割以上になったりするような場合，良い結果ではあるがテストが簡単すぎる可能性を示唆している。過去のテストですでに出題していたり，生徒がすでに習得したりしている技能や知識を測っていないかテストの確認が必要である。一方，達成状況が低い場合においては，テストの難易度が高すぎる，授業での学習内容と結びついていないなどの理由で，得点が低かったことが考えられる。さらに，得点率の特に悪い設問については検討が必要である。多肢選択式問題においても，明らかに多くの生徒が誤答の選択肢を選んだ設問は再検討が必要である (2.4.2節参照)。また，テストの得点分布を調べ，パフォーマンステストの得点分布が教師の感じる生徒の到達度と異なる場合は注意を要する (小泉, 2015)。判定基準が厳しすぎる場合は，改善が必要となる。さらに，パフォーマンステストにおいて特定のクラスの達成状況だけ良かったり，悪かったりする場合は，実施者や評価者の要因も考えられるので，検討の上，テスト手順や採点基準，評価者訓練の改善が必要となる。

(2) 授業（指導方法）の改善

授業改善のための検討には，資料 (a)，(b)，(c) を使用する。2.1.1 節「テストの種類」でも説明したように，テストは熟達度テスト，到達度テスト，プレイスメントテスト，診断テストなどに分類することができる (Hughes, 2003)。学校で行う定期テストなどを診断テストとして活用することにより，授業や指導方法を改善することができる。テストの点数が著しく低い場合，テスト自体の点検で妥当性などに大きな問題がなければ，指導方法に問題がある可能性がある。(a) テスト結果から得点率の低い設問を調べ，(b) テストでその設問を検討することにより，生徒に身についていなかった学習内容を確認することができる。また，(c) 授業で使用するハンドアウトは，授業の要点がまとまっている場合が多く，指導内容をある程度反映しているので，指導方法を思い出しながら授業の改善に役立てることができる。さらに，授業改善ばかりでなく，テスト後に十分身についていなかった学習事項の復習を授業に入れるなどのフォローアップに役立てることもできる。

_{テスト結果から指導方法を確認}

(3) シラバス・CAN-DO リストの改善

シラバスの検討には，資料 (a) と (d) を使用する。(d) のシラバスには，どの時期に，どのレッスンで，どの能力を伸ばすために，どのような活動を行うか，いつ頃どのようなテストを行うかがまとめられている。テスト結果が思わしくない場合は，指導法ばかりでなく，より大きな視点からの検討が必要となることがある。テスト間の期間が短く，生徒が十分に学習時間が確保できなかった場合や，無理な計画で学習内容を詰め込みすぎているために，予想したような結果が出なかった場合もある。心当たりがある時は，テスト後にそれらの情報を記録しておき，次年度の無理のないシラバス作成につなげたい。

CAN-DO リストの検討を行うには，(a) と (e) を使用する。上述したように，CAN-DO リストは，生徒がその授業をしっかり受ければ，そのほとんどが到達できる目標であるべきである。テスト自体や授業での指導，シラバスに記載された計画に大きな問題がないにもかかわらず，学習到達目標に到達できる生徒が少ない場合は，CAN-DO リストに問題がある可能性を示唆している。例えば，CAN-DO リストを作成の際，ヨーロッパ言語共通参照枠 (Council of Europe, 2001) を参考にし，高校1年次の目標を A2 レベル，2年次の目標を B1 レベル，3年次を B2 レベルとしたような場合，目標の設定が生徒の実態から乖離していることが考えられる。特に，(a) テスト結果と，(e) CAN-DO リストなどによる目標設定との間に大きな差があると感じる場合は，指導方法の改善だけでなく，CAN-DO リストでまとめられている目標を適正なレベルに修正していくことが必要である。

上述の点検や改善を怠ると，テスト自体の問題や指導方法や指導計

画，さらには無理な目標設定などの要因のために，生徒が頑張っていてもテストでよい成果を挙げることが難しくなる。結果として，英語学習に対するやる気をなくすという負の波及効果を生み出しかねない。学年末など年に1度は点検を行い，必要に応じて見直し改善する「PDCAサイクル」を確立していくことが大切である。

第3章

[演習編]
テストを一から作ろう

　本章は，望ましいテストの作成方法を体験していただくことをねらいとしている。第1章での添削アドバイスや第2章での留意点に注意しながら，テスト状況に基づき実際にテストの設問（タスク）を作成してみてほしい。なお，本章のテストはあくまでも例であり，状況によって別の形もありうる。

3.1 スピーキングテスト

(1) テスト細目
- ◆テストの種類：定期テストの一部。到達度テスト
- ◆テスト目的：成績評価。到達度を確認し，指導に生かす。
- ◆測る能力：話す能力——教科書に関連した日常的な話題について，簡単な語句や文を用いて即興で話すことができる。
- ◆採点方法：教師2名が採点。採点前に，英語力が多様な生徒（英語が苦手・普通・得意な生徒を含む）の発話を選び，ルーブリックを使って各自単独で採点し，結果を比較して基準を合わせる（発話がかなり限定される場合は，基準合わせの人数は少なめでよい）。その後は半数の生徒の発話を1人目の教師が，もう半数の生徒の発話を2人目の教師が評価。最後に，新たな生徒を選び，教師2名で評価して基準が同じかを確認できればさらに良い（2.2.2節 Q2 参照）。

(2) テスト作成前の状況設定

状況	指導目標	授業での活動	制約
1	前置詞を使って場所を表すことができる。	中1：前置詞を使って物がある場所をペアで説明し合った。その後，やり取りを書き出して提出した。	授業内外で個別に呼び出してテストを実施する時間を取るのは難しい。採点する時間は放課後に取れる。生徒全員分のパソコンとヘッドセットが使える。
2	身近な内容の質問をすることができる。	高1：ペアでインタビューし合い，情報を得るために質問し合った。	日本人教師と外国人教師の2名でテスト前の自習時間に2時間分ほどテスト実施が可能。録音することもできるが，授業外に全員分評価することは難しい。
3	英語で主体的に話し合うことができる。	高3：ペアで，テーマに基づいて話し合いを行った。結論を全体の前で発表し，クラスでの結論をまとめた。	授業内外で30分以上スピーキングテストを実施する時間を取るのは難しい。採点する時間は放課後に取れる。録音機器もクラス人数の半分の数はある。

注：別な状況のテスト例を，ウェブサイトより提供。

(3) テスト設問例（指示は日本語で行うことを想定したが，生徒が理解できるようであれば英語で行う）

【状況1】絵の描写（前置詞を使って場所を表す）
（中程度の制限産出型。絵の描写ではあるが，焦点が前置詞に限定されているため）

- ◆テスト構成・形式：動物がどこにいるかを描写する。5問×2点＝10点満点。
- ◆実施方法：パソコン画面に1枚ずつ絵を映し（または印刷した冊子を手元に渡し），生徒は5秒間絵を見て，15秒以内で話す。発話を録音し，後で音声ファイルを回収する。画面に時間経過がわかる表示を出せればさらに良い。実施時間5分。

＜生徒に口頭または文字で伝える内容＞（録音しておき，音声を流す）

> これから Hanako という犬の居場所を聞かれます。Hanako はあなたが飼っているメス犬です。例えば Where is Hanako? と聞かれるので，She is under the table. または Under the table. と答えてください。本番では，5 秒間絵を見る時間があり，その後に Where is Hanako? と聞かれます。話す時間は 15 秒あります。開始後，5 秒以内に英語で話し始めてください。ヒントの語句は必ず使ってください。話し終わったら待っていてください。録音は途中で止めず，ずっと録音してください。後で先生が聞いて評価します。まず録音できるかを確認します。（録音確認）
> では始めます。録音ボタンを押してください。My name is ... と自分の名前を言ってください。例（example）から始めます。Let's begin the test. Look at the example picture. You have 5 seconds.（5 秒後）Where is Hanako?（15 秒後）ではこれからテスト本番です。Look at picture 1. You have 5 seconds.（5 秒後）Where is Hanako?（15 秒後）Look at picture 2.（同様に No. 5 まで続ける）これで終わりです。録音を止めてください。では今のテストの自己評価と感想をワークシートに書いてください。

＜生徒に提示する絵＞（1 枚ずつ提示。隣の生徒と違う絵が出せればより良い）

例：table, 下　　　(1) wagon, 前　　　(2) trees, 間

答：Hanako（She）is under the table.

(3) fence, 後ろ　　　(4) bed　　　(5) box

注：(1)〜(3) には「前」などの場所のヒントを書いた。「近く」など複数の答えが考えられるためである。絵は Advanced Teacher Training（2016）から使用。今回使用のシンプルな絵だけでなく，いろいろな要素が入った絵や複数のコマが入った絵を使うことで多様なスピーキング能力が引き出せる。

＜想定される答え＞

No. 1:（She is）in front of the wagon. No. 2:（She is）between the trees. No. 3:（She is）behind the fence. No. 4:（She is）on the bed. No. 5:（She is）in the box.

＜ルーブリック：項目独立型（設問ごとに評価）＞（テスト前に生徒にも提示）

2	場所を適切に流暢に伝えられている。（Where is Hanako? と流れてから）5 秒以内に話し始められている
1	場所を伝えられているが，文法的に不適切な箇所がある。または流暢さに問題がある（例：6 秒後以降に話し始めている。沈黙や言い直しが多い）
0	15 秒以内で場所を伝えられていない

＜採点例（No. 1 の場合）＞
2 点：*In front of wagon.（流暢に話した。冠詞は定着が難しいため減点しない）
1 点：*In front of wagon.（15 秒より長くかかって終えた場合）／Front of the wagon.
0 点：*In (Behind) the wagon.／In front of the bed.／The wagon, in front of.

【状況2】教師との対話型（身近な内容の質問をする）
（弱い制限産出型　⑧話す内容を日本語で提示して英語で話す；日本英語検定協会, n.d.に基づく）

◆テスト構成・形式：質問リストに基づき，生徒が教師にインタビューする。8点満点。
◆実施方法：2人の教師がそれぞれ1部屋を割り当てられ，同時進行で進める。部屋に，生徒が1人ずつ入ってきてテストを受ける。次の生徒は廊下で待っている。終わった生徒には2人先の生徒を呼んでくるよう依頼。録音は，信頼性確認のために一部は行っておく。実施時間は，生徒1人につき約4分。

＜生徒に口頭または文字で伝える内容＞

これから，あなたは先生に，テレビ番組のためにインタビューをします。カードを読み，あなたの役割を理解してください。先生は「デビューしたばかりの歌手」という設定です。30秒考えた後で，話す時間は2分間あります。Let's begin the test. You have 30 seconds. (30秒後) Please begin.（2分後）これで終わりです。では今のテストの自己評価と感想をワークシートに書いてください。終わったら自習していてください。

＜生徒が読むカード＞

あなたはテレビ局のアナウンサーで，「デビューしたばかりの歌手」にインタビューします。30秒間考えて2分間でインタビューしてください。
最初の言葉："Thank you for making time for me."
質問内容：(a) どこの出身か
　　　　　(b) どんな歌を歌うのか
　　　　　(c) これからどんな歌を歌いたいか
　　　　　(d) 歌手になりたい人へのメッセージ

＜予想される対話＞（満点の例）

Student: Thank you for making time for me.
Singer: My pleasure. You can ask me many questions.
Student: Where are you from?（質問 (a) OK）
Singer: I'm from New York in the United States.
Student: Wow, how nice. What kind of songs do you sing now?（質問 (b) OK）
Singer: Pop music.
Student: I love pop music. I'll download your songs later, but time is short. What kind of songs do you want to sing in the future?（質問 (c) OK）

Singer: Well, I want to try other types of music such as country music.
Student: Country music is also my favorite. Many young people will watch this interview. Could you give a message to people who want to be singers?（質問（d）OK）
Singer: Let me see. I would like to say "Practice hard but don't forget to enjoy singing."
Student: I learned a lot from you. Thank you for your time.

＜ルーブリック：分析的評価＞（事前に作り，テスト前に生徒にも提示）

得点	タスク達成度	対話（やり取り）が効果的か	流暢さ
4	4点を理解可能な形で質問できている	―	―
3	3点を理解可能な形で質問できている	―	―
2	2点を理解可能な形で質問できている	相手の答えに適切に応答している	長い沈黙や言い直しがほとんどなく，スムーズに話せている
1	1点を理解可能な形で質問できている	相手の答えに適切に応答しているが，一部にとどまる	長い沈黙や言い直しがある，またはスムーズに話せていない
0	どれも理解可能な形で質問できていない	相手の答えにほとんど応答していない	非常に長い沈黙などのためにほとんど理解ができない

発音・語彙・文法の誤りは，「タスク達成度」の「理解可能」という点で扱っており，英語として理解可能な範囲ならば減点しない。テストを受けて0点の生徒が出るのを避けるには，テストを受けない場合に0にして，参加していれば「タスク達成度」で1を与える方法もある。「タスク達成度」は4点満点，「対話が効果的か」と「流暢さ」は2点満点。

＜採点例＞*（タスク達成度2，対話が効果的か1，流暢さ1の場合）

Student: Thank you for meeting me for an interview.
Singer: My pleasure. You can ask me questions.
Student: Where where where . . . are you . . . from?（質問（a）OK）
Singer: I'm from New York in the United States.
Student: Wow. . . . What type song?（質問（b）OK）
Singer: Pop music.
Student: . . . Future sing?（質問（c）不十分）
Singer: Well, I want to try other types of music such as country music.
Student: . . . Message . . . of young people?（質問（d）不十分）
Singer: I would like to say "Practice hard but don't forget to enjoy singing."
Student: Thank you.

【状況3】生徒間での対話型（英語で主体的に話し合う）
（自由産出型　⑬ロールプレイ；Koizumi, In'nami, & Fukazawa, 2016を若干修正）

◆テスト構成・形式：生徒がペアになってテーマに沿って話し合う。3点満点。
◆実施方法：教師が決めたペアで座らせ，ペアごとに1つ録音機器（例：ICレコーダー）を手渡す。

録音は生徒が自分で行う。終了後に音声ファイルを回収。スクリーンなどで時間経過がわかる表示を出せればさらに良い。実施時間8分。ペアは生徒に決めさせる方法もある。

＜生徒に口頭または文字で伝える内容＞

これからペアでスピーキングテストを行います。ペアになって，Student A と Student B のどちらになるかを決めてください。今から IC レコーダーを渡します。まず録音できるかを確認します。(録音確認)
　次に会話1のカードを読み，トピックを理解してください（簡単にカードの内容を説明。説明しないとよく読まずに適当に会話をする人が出てくる）。このような設定で2分間会話をします。では録音ボタンを押してください。Let's start.（2分後）録音を止めてください。何か質問はありますか。
　では次に会話2のカードを読み，トピックを理解してください（簡単にカードの内容を説明）。このような設定で2分間会話をします。では録音ボタンを押してください。Let's start.（2分後）録音を止めてください。これで終わりです。では今のテストの自己評価と感想をワークシートに書いてください。

＜生徒が読むカード＞
（会話1は練習用だが，それは伝えない方がウォームアップとして機能する）

☆ Conversation（会話）1：2分間目安

以下のトピックで会話をします。全部について話しても，どれか1つについて話してもかまいません。
　・Brothers or sisters?
　・Pets?
　・Favorite food?　　　　　　　　　時間が余ったら，関連する会話を続けてください。

Student A: My name is (　　　). I am Student A.
Student B: My name is (　　　). I am Student B. This is Conversation 1, "Brothers".
Student A:（会話を始める。）
Student B:（A に合わせて会話を続ける。）

☆ Conversation（会話）2：2分間目安

Student A と Student B は一緒に旅行（trip）に行く約束をしました。今から，お互いに質問しながら，旅行に持っていく物を4つ決めてください。
　旅行の場所と時：Zoo in Hokkaido in January
　目的：Seeing cute animals
　気温：Very cold both day and night

Student A: My name is (　　　). I am Student A.
Student B: My name is (　　　). I am Student B. This is Conversation 2, "Trip".
（どちらからでもよいので，話し始める。）

注：会話1は練習用のため評価しない。この練習がないと手順を飲み込めずに力を発揮できない生徒が出てくる。毎回自己紹介から始めるのは，後で録音で評価する際，名前と声が一致する必要があるため。特に同性でのペアだと

声が似ていて聞き分けが難しい。

＜予想される対話＞*

（2人とも満点の例。誤りがない例は，pp. 144-145 の 3.5 節リスニングスクリプト参照）

> A: We are going to the trip in Hokkaido in January.
> B: Yeah!
> A: So I want to talk with you about what do we need to bring at that trip.
> B: OK. Ah I think Hokkaido is really cold in January so I think we need to bring . . . ah *kairo*. This one.（日本語でしか言っていないため，カウントしない）
> A: Um. I also think we need to bring some very thick clothes, like . . .
> B: Coat.
> A: Coat. It's a must for cold weather.
> B: Yes, really thick coat. Take this one. We can stay warm then.（1つめの持ち物決定）
> A: Yeah.
> B: And our purpose is seeing cute animals and I really need to take picture of the animals. So . . . I think we should bring camera.（2つめの持ち物決定）
> A: Yes.
> B: And then . . .
> A: We need to bring a charger of the あれ？充電器って of the iPhone and camera. So . . .
> B: ah, the charger.（3つめの持ち物決定）
> A: We need to bring that . . . yes, for sure to send emails.

解説：3個決定し，理由を付け加え，流暢さが高いため2人とも評価は3。A は "So I want to talk with you about what do we need to bring at that trip.", B は "I really need to take picture of the animals." など誤りはあるが，誤解は与えない範囲で，日本語使用も限定的で問題ない。もし，A が1人で持ち物を提案し，B が相づちを打つだけだった場合には，A の評価は，(a) B が話せる間を置いたり，促したりしていれば3のまま，(b) そのような試みが見られなければ会話を独占しているため2。B の評価は1となる。

＜ルーブリック：総合的評価＞

評価規準：タスク実施に必要な英語表現を使用し，効果的にやり取りをしながら，与えられた役割を適切に果たすことができる。	
3	（十分満足）：以下のタスク・ポイントをほとんど適切にこなしている。適切に交互に話しながら，効果的に英語でコミュニケーションができる。会話の進行がスムーズにいく程度に流暢に話している（長い不自然なポーズがない）。必要なことを適宜付け加えている。関連する会話を適切に続けられる。大きな誤りがない（小さな誤りは減点しない） 　タスク・ポイント：関連したテーマで会話を適切に続けられる。4つ持ち物を決められる。または，4つ決められなくても，持っていく理由等，詳細な説明が入っている 注：状況設定がわかる状態で聞いてやり取りがわかれば3
2	（おおむね満足）：タスク・ポイントを一部適切にこなしている。ほとんどの場合にかろうじてコミュニケーションができるが，答えたり，意見を言ったりする際に受け身のことが多い（または，自分1人で話すことが多く，会話を独占してしまっている）。流暢さの点で会話の進行が妨げられることがある（例：長いポーズあり）が，英語で会話を続ける努力を行っている

1	（努力を要する）：タスク・ポイントをほとんど適切にこなしていない。求められた時にのみ単純な反応をするが，英語でやりとりを維持したり，発展させたりすることはできない。会話を不自然に止めている
0	（非常に努力を要する）：タスク・ポイントをひとつも適切にこなしていない。反応もしないか，日本語のみで反応している

注：教師が対話者の場合は，規定数のタスク到達が見られるまでは会話を続けたりコントロールしたりできるが，生徒同士だとそれができないため，タスク到達度の基準を甘めにした方がよい

＜発話例＞＊（2人とも2点の例）

A: What would you would you take for the trip to the zoo in Hokkaido in January? B: ah なんて言えばいいんだ ah I'll I'll take a digital camera.（1つめの持ち物決定） A: mm B: and coat.（2つめの持ち物決定） A: Oh, yeah.．．．Why why would you take coat? B:．．．It very cold at daytime and night. A: ah OK. B: Oh, would you．．．would you like to take for a trip? A: mm. I'll take wallet.（3つめの持ち物決定） B: Wallet. A: ah mm. This is the trip so．．．it spend much money. B: Much money. A: and．．．mm Hokkaido in January．．．

解説：3つの持ち物は話し合えているが理由や詳細があまりなく，流暢さも低い。

＜発話例＞＊（2人とも1点の例）

A: What do you have eh なんだろ．．．When nn なんか．．．when．．．What do you have in in trip? B: I I think we have I have coat.（1つめの持ち物決定） A: Coat. Oh, yeah．．．．mm ver it is very cold. I think so much.

解説：1つは決めているが，流暢さが非常に低い。

3.2 ライティングテスト

(1) テスト細目
- ◆テストの種類：定期テストの一部。到達度テスト
- ◆テスト目的：成績評価。到達度を確認し，指導に生かす。
- ◆測る能力：書く能力——(1) 文と文のつながりに注意して，適切な表現を用いて文章を書くことができる (2) 目的を明確にし，適切な表現を用いて論理的にまとまりのある文章を書くことができる。
- ◆採点方法：教師2名が採点。採点前に，答案全体のうち20～30%を取り出し，ルーブリックを使って各自単独で採点し，結果を比較して基準を合わせる（2.2.3節Q2参照）。

(2) テスト作成前の状況設定

状況	指導目標	授業での活動
1	過去形を使い，自分の体験したことについて書くことができる	中1：自分が行ったことのうち1つを話題として選び，出来事とその感想を日記に書く。
2	主題に関して，つながりを意識した説明を書くことができる。	中3：日本の伝統行事や祭りなどについて調べ，スピーチ原稿を書く。
3	主題に関する自分の意見について，論理展開を意識して書くことができる	高2：動物のクローンについての文章を読み，その賛否についてディベート活動を行う。活動実施後に自分の意見を書いてまとめる。

(3) テスト設問例
（指示は中学では日本語，高等学校では英語で行うことを想定したが，生徒の理解を考慮して柔軟に選択する）

【状況1】夏休みの思い出について話すための原稿を書く
　　　　（過去形を使って体験したことを書く）
（自由産出型　⑧構成／再構成）

- ◆テスト構成・形式：日本語で指示された内容を含め，過去にあった出来事を伝えるための原稿を書く。1問×8点＝8点満点。
- ◆授業とテストでの状況の設定・出題の趣旨：授業での活動は日記の形式だが，テストにおいては類似した状況として，夏休みにあったことを手紙で海外の友人に知らせる設定。過去形を使い経験したことを書いて伝えるという点では共通。手紙の書き出しと締めくくりは，解答用紙の中に提示。

＜設問の内容＞

夏休みにどのようなことをしたのか，海外の友人から電子メールで尋ねられました。この夏休み中にあなたがしたことを1つ選び，①いつ，②どこで，③誰と，④何をしたのか，⑤どのような感想を持ったのかについて伝える文章を書きなさい。以下の下線部分に適切な英語を入れなさい。

＜想定される答え＞（太字下線部）

Hi James,

Thank you for the letter. I want to tell you about my summer vacation.

I went to *Koshien* with my family on August 4th. We watched high school baseball games. We took a lot of pictures there. I had a very good time.

What did you do this summer?

Bye,
Ken

＜ルーブリック：分析的評価＞

　過去の出来事について必要な情報を伝えることができているかが1つの観点になる。また言語知識としては，特に動詞の過去形や，場所や時間を述べる際の前置詞が正しく使えるかが，評価のポイントとなる。この点に留意しルーブリックを作成した。内容，言語知識の2つの観点で採点し，合算して得点を算出する。

点	内容	言語知識
4	理解できる表現で，必要な情報すべて（①～⑤）を含めて書くことができる。	過去形や前置詞などを正しく使い，文を書くことができる。
3	理解できる表現で，必要な情報を5個中4個伝えることができる。	過去形や前置詞などをおおむね正しく使い，文を書くことができる。（1～2か所程度は許容）
2	理解できる表現で，必要な情報を5個中3個伝えることができる。	過去形や前置詞などの誤りが目立つ。文が成立していない部分がある（半分程度）。
1	理解できる表現で，必要な情報を5個中2個伝えることができる。	過去形や前置詞を正しく使うことができない。文が成立していない部分がほとんどである。
0	必要な情報を5個中0～1個伝えることができる。または無回答。	文を構成することができない。

＜採点例＞* 注目点は**太字下線**

8点：I went to *Koshien* with my family on August 4th. We watched high school baseball games. We took a lot of pictures there. I had a very good time. ［内容4（必要な情報すべて含む），知識4（誤りなし）］

7点：I went to *Koshien* with my family **in** August 4th. We watched high school baseball games. We **taked** a lot of pictures there. I had a very good time. ［内容4（必要な情報すべて含む），知識3（動詞の不規則変化などの誤りが2か所あり）］

5点：I wen**t** *K*oshien with my family on August 4th. We watched high school baseball game. We **taked** a lot of **picture** there. ［内容3（必要な情報が1つ（⑤）不足），知識2（動詞の使い方，前置詞の使い方など誤りが3か所あり）］

3点：I **go** to *Koshien* with **in** August 4th. I **go** to USJ **in** August 5th. ［内容2（必要な情報が2つ（③⑤）不足），知識1（時制を全く意識しておらず，前置詞の使い方にも誤りがある）］

2点：I **go** to *Koshien*. ［内容1（必要な情報が3つ（①③⑤）不足），知識1（時制を意識していない。

前置詞を用いる文を書いていない）］

0点：**August 4th, with my family I *Koshien* goed. high school baseball I watched.**［内容0, 知識0（文として成立せず，意味が伝わらない）］

【状況2】日本の伝統行事（端午の節句）について，英語で説明する文章を書く
　　　　（主題に関してつながりを意識して説明する）
（弱い制限産出型　⑥和文英訳）

◆テスト構成・形式：日本の伝統文化である端午の節句を伝えるために，表に示された内容に基づき英文を書く。1問×7点＝7点満点。
◆授業とテストでの状況の設定・出題の趣旨：授業においては，自分で調べた伝統行事などについて英語で書いたが，ここでは与えられた情報をもとに，教科書では紹介されていない日本文化の例として端午の節句を取り上げ，表の情報をもとに説明する文章を書く。

＜設問の内容＞

学校のホームページで，あなたの地元での伝統行事の祝い方について英語で紹介することになりました。次の表にある情報をすべて含め，端午の節句について紹介する英文を書きなさい。

名称・時期	風習	起源
・端午の節句 ・5月5日	・男の子の健康を祝う ・柏餅（*Kashiwamochi* rice cake）を食べる	・中国に由来 ・奈良（Nara）時代に持ち込まれた

※地域によっては，ちまき（*Chimaki*）などを食べる

＜ルーブリック＞分析的評価

　ここでは，示された内容を含めて，どのように説明をつなげて構成することができるかが問われる。状況1に比べると，書く内容をコントロールできるため，①それぞれの情報をどれだけ適切に表現できているか，②接続詞や代名詞などを必要に応じて適切に使いながら，つながりを意識して書くことができているか，の2つが評価のポイントとなる。この点に留意してルーブリックを作成した。以下はその例である。

点	内容（言語知識を含む）	点	つながり
5	必要な情報の6個（名称・時期・風習2つ，起源2つ）をすべて正しく伝えることができている。	2	自然なつながりで説明を書くことができている。
4	必要な情報の6個をすべて伝えているが，1〜2箇所の誤りが見られる。	1	つながりを意識しようとしているが，一部つながらない部分がある。
3	必要な情報の6個をすべて伝えているが，誤りが3箇所以上あり，目立つ。	0	情報の羅列にとどまっている。
2	必要な情報の6個中3個以上を伝えている。	−	つながりについては加点しない。
1	必要な情報の6個中1〜2個を伝えている。		
0	必要な情報を全く伝えていない，または無回答。		

<採点例＞* 注目点は**太字下線**

7点：We have a traditional event on May 5th. We call the day *Tango no sekku*. Today, many of us eat *kashiwamochi*（rice cake）and celebrate the good health of boys. This tradition was brought from China in the Nara period and is still enjoyed today.［内容5, つながり2：カッコ内がなくても7点］

5点：We have a traditional event on May 5th. ***Tango no sekku* is the traditional event.** Today, many of us eat *kashiwamochi*. We celebrate the good health of boys. This tradition **brings** from China in Nara period. **This tradition is still enjoying** today.［内容4（文法・語法などの誤りが2か所ある），つながり1（やや単語の繰り返しが見られる）］

3点：We have a traditional event **in** May 5th. ***Tango no sekku*** is the traditional event. We eat kashiwamochi **in *Tango no sekku***. We **celebrated** the good health of boys. *Tango no sekku* is brought from **the** China in Nara period. We enjoy *Tango no sekku* today.［内容3（文法・語法の誤りが3か所ある），つながり0（代名詞などの言い換えがなく，つながりを意識していない）］

2点：We have a traditional event on May 5th. *Tango no sekku* is the traditional event. This tradition is brought in Nara period.［内容2（必要な情報のうち3つ（名称，時期，起源1つ）を正しく伝えている），つながりは評価しない。］

1点：We have a traditional event on May 5th. *Tango no sekku* **have** the traditional event. This tradition **China brings**.［内容1（必要な情報の大半を伝えることができていない），つながりは評価しない。］

0点：A traditional event is March 5th. We ate kashiwamochi in Kamakura time.［内容0（誤りが多く，理解困難なため，必要な情報を全く伝えられていない），つながりは評価しない。］

【状況3】クローン技術を使った絶滅動物の再生の是非についての意見を書く
　　　　　（主題に関する意見を，論理展開を意識して書く）

（自由産出型　⑨創作）

◆テスト構成・形式：水不足による問題点についての説明⇒その解決方法⇒もたらされる利益，という論理展開で，自分の考えを説明する英文を書く。A～Eの5段階による評価（点数の取り扱いについては，2.2.3節Q2を参照）。

◆授業とテストでの状況の設定・出題の趣旨：教科書の英文を読み，発展的な活動を行った後のテスト，という位置づけである。授業のディベート活動においては，動物のクローンについてのディベートを行い自分の意見をまとめた。この知識をさらに発展させて，絶滅した動物についてクローン技術を使い再生させる（de-extinction）の概念をテスト前に示し，これについて自分の意見を考えておくように指示。テストにおいては，この de-extinction の是非についての自分の考えとその理由を，150語程度の英文にまとめて述べる。

<設問の内容＞

You are writing a web article about science issues. Do you agree with de-extinction using cloning technology? Why?/Why not? Write your argument in 150–200 words.

<ルーブリック：総合的評価>

　このタスクは条件とする観点が多く，また生徒の使用する英語も多様になるため，特定の項目ごとに観点を設けず，総合的評価のルーブリックを作成した。記述にあたっては，①指定の語数を満たすこと，②自分の意見を論理的な理由を用いて述べられること，③談話の基本的な構成（Introduction, Body, Conclusion）を用いることができること，④正しい英語を用いて書くこと，などを含めた。複数の項目が混在しているルーブリックとなるが，総合的に判定し，該当の基準の一部を満たさない場合は1つ下の評価として扱うこととした。

評価	語数
A	①指定された語数で，②自分の意見を，論理的な理由づけをしながら説明しており，説得力がある。③談話の基本的な構成がある。④文法・語法上の誤りもほとんどない。
B	①指定された語数で，②自分の意見を，論理的な理由づけをしながら説明しており，説得力がある。③談話の構成が一部できている。④文法・語法上の誤りがあるが，理解できる範囲。
C	①指定された語数に達していないが，②自分の意見を，論理的な理由づけをしながら説明している。③談話の構成はできていない。④文法・語法上の誤りが多く，伝わりにくい部分がある。
D	①指定された語数に達していない。②自分の意見を述べているものの，説明に乏しい。③談話の構成はできていない。④文法・語法上の誤りが多く，伝わりにくい。
E	指定された課題に答えていない。

<採点例>＊ 注目点は**太字下線**

評価Aの例：(否定側意見)

　I don't agree with the opinion about de-extinction. I have two reasons for my argument.

　First of all, de-extinction will damage the closest living relatives. In this process, scientists put the genome of extinct animals into closely related animals. It is said that cloned animals are likely to die from the same type of disease because clone animals are made from a single gene set. If such animals are mixed with their closest living relatives, they might share a weakness and die from a single cause.

　Second, it is difficult for de-extinct animals to get accustomed to living in the current natural environment. Even if it is possible to reproduce extinct animals by using clone technology, it doesn't mean that such animals can survive in the natural environment. It is even more difficult to recreate the ideal environment for such animals. The prospect for this plan to succeed is very low.

　It might be true that we can get some benefits from de-extinction using clone technology in some areas, but what is more important for us is to save animals and improve the current natural environment before we start thinking about recreating extinct animals. (194 words)

評価Bの例：(否定側意見)

　I don't agree with the opinion about de-extinction. I have two reasons.

　First of all, de-extinction will damage the closest living relatives. Putting genome to **the another** animal doesn't mean the real cloning, **and moreover,** the cloning animal, or the **de-extintion** animal, is likely to die **of the** same disease **all** because the clone animals are **almost** made from **the** same genes. So, **Anyway.** I don't think that de-extinction will **has** effects on the scientific area.

　Second, there are some difficulties **accustoming** reproduced extinct animal to the current nature.

For example, it is nonsense to reproduce a mammoth if they cannot survive in the real world today. I think the climate change makes real de-extinction more difficult.

It is true that we can get special benefits from de-extinction using clone technology in some areas, but what is important for us to get **the most beneficial point** is to keep the current nature, I think.（155 words）

（①語数を満たしており，②論理的な説明を行っている。③談話構成もはっきりしている。④やや文法・語法上の誤りが目立つが，理解できる範囲）

評価Cの例：（賛成側意見）

I agree with de-extinction using clone technology. I have one following **reason**. **First,** by using this technology we can reproduce creatures which has very **rate** characteristics in the modern ecosystem. These animals may have benefits for human. For example, if they have vaccines we can use **it to** medical technology, so reproducing animals（**may**がないため誤り）have great benefits for human. **And** if we reproduce extinct plants that are resistant to cold, we can increase natural environment **to** cold places, **Araska** for example, **and** we can decrease CO_2 in the air. Thus **to use** clone technology may solve global warming problem, which is one of the worst problems today.

For this reason, I think modern people need to use clone technology so that we solve today's problems.（124 words）

（①語数を満たしていないが，②論理的な説明を行っている。③談話構成は意識しているが，マーカーの使い方などが不適切な箇所がある（Andなど）。④やや文法・語法上の誤りが目立つが理解できる範囲）

評価Dの例：（否定側意見）

I don't agree with clone technology.

Cloning technology can **cleate** extinct animal. **but** we can't prove **it that** the clone animal is completely same extinct animal**s**. The animal may be **difficult** animal. **so** we may **cleate**（**a**がない）new animal. This is a **danger** case because it may destroy environmental and ecological system. It **infuluences on** a lot of animals, people and so. Therefore, we shouldn't use cloning technology. Clone animals are **cleated** by people who want to **cleate** for their benefits. They are forced to be created, so they must be unhappy. They are given life that can live only a short time. If we respect animal's life we mustn't **cleate** cloning animals.（113 words）

（①語数を満たしておらず，②説明が論理的でない。③談話構成ができておらず，④文法・語法上の誤りが多く，伝わりにくい）

3.3 リスニングテスト

(1) **テスト細目**（テストを作成する前の考慮事項についてのまとめをウェブサイトより提供）
- ◆テストの種類：定期テストの一部。到達度テスト
- ◆テスト目的：成績評価。到達度を確認し，指導に生かす。

(2) **テスト設問例**

【状況1】1学期定期テスト（中3）

- ◆詳細なテスト目的：授業での学習内容と関連した点を測るために実施。
- ◆測る能力：短い会話を聞いて，詳細情報がわかる。
- ◆テストの構成：記述式と選択式（3択）。
- ◆テスト形式，配点例，採点方法
  - [例1] 多肢選択式（各1点×5問＝5点）
  - [例2] 短文解答（各2点×5問＝10点）※語数を指定して出題。
  - [例3] 情報転移（各1点×4問＝4点）※部分点なし。

<スクリプト>
　過去の公立高校の入試問題で使用されたもの（東京都教育委員会，2016）。設問は新たに作成。

Woman: May I help you?
　Man: Yes. I want to see computers and buy a book about them. Where should I go?
Woman: Computers are on the fourth floor, and books are on the second.
　Man: I see. I think I want to eat something after seeing them. Are there any restaurants?
Woman: Yes. There is Japanese food on the eighth floor and Chinese food on the ninth floor.
　Man: Thank you.

<多肢選択式>
　繰り返しを避けて選択肢の表現を考える必要がある（2.3.2.1節参照）。

指示文：2人の会話を聞いて，No. 1〜5の質問に対する答えとして最も適切なものを（A）〜（C）の中から1つ選びなさい。英文は2回放送されます。

No. 1
　Q: On which floor should the man go to see computers?
　A: On the (　　　　).
(A) second floor　　（B) fourth floor　　（C) eighth floor

【解答：B】

＜短文解答＞
　答える内容が単純である場合は，このように選択肢を与えずに記述させる形式も可能である。この場合，解答時に必要な語数を指定しておくと，出てくる解答をある程度制限することも可能になり，採点基準も作りやすい。

指示文：2人の会話を聞いて，No. 1～No. 5の質問に対する答えを英語で書きなさい。解答は4語で記述しなさい。英文は2回放送されます。

No. 1
On which floor should the man go to see computers?
Answer. _____

【解答：On the fourth floor.】

(採点基準と回答例)＊
2点 …On the fourth floor.　　語数を満たし，キーワードを含む。
1点 …Fourth floor.／Fourth.　　語数に不備はあるが，キーワードを含む。
0点 …On the third floor.　　キーワードを含んでいない。
※「何階にあるか」という問題なので，キーワードは"fourth"である。

＜情報転移＞
　情報転移の問題を作る際には，指示のわかりやすさ，情報を書き写す箇所のわかりやすさなどが求められる。今回の例では，1階から10階までのデパートを想定しやすくなるよう図を作成した。その際，答えさせる箇所以外は各フロアの内容をあらかじめ書いておくと親切である。また，空欄に番号を振ってしまうと，今回のように各フロアの情報を問う場合には混乱を招く可能性もあるので，ここでは番号を振らずに空欄のみで解答箇所を示している。

指示文：これから，あるデパートで行われた2人の会話を聞きます。下の図をよく見ながら，店内の4つのフロアにあるものを，1～2語の英語で答えなさい。英文は2回放送されます。

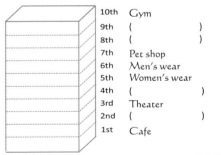

【解答：9th: Chinese food, 8th: Japanese food, 4th: Computers, 2nd: Books】

※それぞれの解答と同義の場合（例：4th: PC shop, 9th: Chinese restaurant）は正答。綴りの誤りは×。

【状況2】1学期定期テスト（高3）

◆詳細なテスト目的：長めの説明文を聞いて詳細情報が理解できる。序数を正確に聞き取り，時系列に沿って頭の中で話の内容を組み立てられる。
◆測る能力：説明文を聞いて詳細情報がわかる。単語の細かな発音を正しく聞き分ける。
◆テストの構成：記述式と選択式。
◆テスト形式，配点例，採点方法
　［例1］真偽判定（各2点×5問＝10点）
　［例2］組み合わせ（各2点×5問＝10点）
　［例3］空所補充（各2点×5問＝10点）
　［例4］部分ディクテーション（各1点×10問＝10点）

＜スクリプト＞
　センター試験の本試験で使用されたもの（大学入試センター，n.d.）。設問は新たに作成。

> In some countries, silver gifts are given for 25th wedding anniversaries and gold gifts for 50th anniversaries. But in the United Kingdom, there are also some traditional gifts given to celebrate other anniversaries. Perhaps people are not so familiar with them. For example, for 3rd anniversaries, leather gifts are usually given. Three years later, gifts containing sugar are appropriate. Six years after that, something made of silk is the expected gift. Some might be surprised to find out that diamonds are given not only for engagements, but also for 60th anniversaries.

＜真偽判定＞
　序数の聞き分けと詳細の聞き取りがきちんとできるかどうかがポイント。このような内容のスクリプトであればたくさんの詳細情報を問うことができるので，複数の真偽判定文を作成することが可能である。

> 指示文：放送される英文をよく聞き，(1)～(5)の英文が内容に合っているかいないか（True or False）を選びなさい。英文は2回放送されます。
>
> (1) Usually, silver gifts are given for 25th wedding anniversaries.　　　　T / F
> (2) Usually, gold gifts are given for 5th anniversaries.　　　　　　　　　T / F
> (3) In the UK, leather gifts are usually given for 3rd anniversaries.　　　T / F
> (4) In the UK, sugar gifts are expected for 6th anniversaries.　　　　　　T / F
> (5) In the UK, diamonds are given only for 60th anniversaries.　　　　　　T / F

【解答：(1) T, (2) F, (3) T, (4) T, (5) F】

＜組み合わせ＞
　組み合わせの形式を用いる場合には，単純な当てはめ作業で解答するのを防ぐため，問題に対する選択肢の数を問題数よりも多めに設定する必要がある。この例では，5つの問題に対して，8個の語群を用意した。また，語群を縦に並べるようにし，見やすい提示を意識した。

指示文：放送される英文をよく聞き，(1)～(5)の語に当てはまる情報を語群から選びなさい。英文は2回放送されます。

問題	語群	
(1) diamond	a. 3rd	e. 15th
(2) gold	b. 5th	f. 25th
(3) leather	c. 6th	g. 50th
(4) silver	d. 12th	h. 60th
(5) silk		

【解答：(1) h, (2) g, (3) a, (4) f, (5) d】

<空所補充>

放送された英文の要約を空所補充する問の場合，解答がある程度絞られるように工夫する必要がある。ただ情報を書き込むだけでなく，聞き取った英語の内容を理解しているかどうかを問う性質もあるので，少し難易度の高い問題となる。

指示文：下の文章はこれから放送される英文を要約したものである。放送を聞いて，①～⑤の（　）に適当な語を入れなさい。英文は2回放送されます。

Wedding anniversary (　①　) vary by anniversary year and (　②　). (以下略)

【解答：① gifts, ② country】
※解答例以外の解答は×

<部分ディクテーション>

ディクテーションでは，全文を書かせるものと，今回の例のように部分的に書かせるものがある。このスクリプトのように含まれる詳細情報が多い場合には，部分ディクテーションの方が好ましい。聞き取れるか確認したい単語を重点的に空所にし，問うことが可能である。受験者が書き取るための時間も考慮し，全部で3回の放送を行う場合が多い（指示文参照）。ポーズの挿入時間については，学習者のレベルを考慮したい。

指示文：放送される英文をよく聞き，聞こえてきた単語を正確に書き取って，空所［1］～［10］に補充しなさい。英文は3回放送されます。1回目と3回目は通常の速度，2回目は各文の終わりに5秒間のポーズがあります。

In some countries, silver gifts are given for (［1］　) wedding anniversaries and gold gifts for (［2］　) anniversaries. But in the United Kingdom, there are also some (［3］　) gifts given to celebrate other anniversaries. Perhaps people are not so familiar with them. For example, for (［4］　) anniversaries, (［5］　) gifts are usually given. (［6］　) years later, gifts containing sugar are (［7］　). (［8］　) years after that, something made of silk is the expected gift. Some might be surprised to find out that diamonds are given not only for (［9］　), but also for (［10］　) anniversaries.

【解答：［1］25th, ［2］50th, ［3］traditional, ［4］3rd, ［5］leather, ［6］Three, ［7］appropriate, ［8］Six, ［9］engagements, ［10］60th】※25th を twenty-fifth と書いても正答。

3.4 リーディングテスト

(1) テスト細目
◆テストの種類：定期テストの一部。到達度テスト
◆テスト目的：成績評価。到達度を確認し，指導に生かす。
◆測る能力：既習の教科書と同じ，または書き換えた英文を読んで理解する能力

(2) テスト作成前の状況設定

状況	指導目標	指導内容と出題方針
1	中1：教科書本文を字義的に正しく理解することができる。	語彙や文法が未熟な生徒が多いため，教科書本文を字義的に正しく理解することが指導の中心である。また，英文に使用できる語彙および文法の制限が大きいため，教科書本文をそのまま出題することが妥当である。
2	中3：教科書本文を正しく理解し，英文に明示されていない深い意味内容まで理解することができる。	生徒が基本的な語彙や文法を一通り身につけているため，教科書本文の字義的な理解に加え，行間を読むような発展的な内容まで指導している。英文の言語形式に加えて意味内容の理解まで測定する必要があるため，教科書本文を書き換えた英文を出題することが望ましい。
3	高3：教科書本文と関連した初見の英文を読んで理解することができる。	生徒が語彙や文法を含めた応用的な読解力を身につけているため，教科書本文の深い理解に留まらず，読解ストラテジーなど初見の英文にも応用できるような読解能力まで指導で扱っている。そのため，教科書本文と関連した未習の英文を出題することを検討したい。

(3) テスト設問例

【状況1】教科書本文をそのまま出題（中1）

◆テスト形式と留意点：教科書本文と多肢選択式（3択）や空所補充。教科書本文をそのまま出題するので，記憶力のテストにならないように，設問を工夫する必要がある。
◆テスト配点：
　［例1］多肢選択式：不完全質問文（各1点×2問＝2点）
　［例2］空所補充（各1点×3問＝3点）※部分点なし。

＜教科書本文＞

次の英文は，由紀の家族をメトロポリタン美術館に連れてきたサラと由紀との会話です。次の英文を読んで，以下の問に答えなさい。

Yuki: Thank you for taking us to the Metropolitan Museum.
Sara: You're welcome. This museum has many great works all over the world.
　　　This sign says that the Japanese area is on the second floor.

Yuki: Really? How nice!
（由紀たちはメトロポリタン美術館に入り，日本エリアに進む。）
Yuki: Wow! We can see many Japanese works here.
Sara: Look at this picture. Is this beautiful mountain Mt. Fuji?
Yuki: Yes, it is. We Japanese love that mountain. Many Japanese people go there.
Sara: When is a good time for that?
Yuki: We can climb between July and September. It's dangerous in winter.

〈例1・多肢選択式：不完全質問文〉

　教科書本文をそのまま出題する場合，設問の表現と教科書本文の表現が重ならないようにすることで，生徒に英文を改めて読ませるようにしたい。今回の設問の1. は，本文中の "We can see many Japanese works here." を "A lot of works of Japanese art are in the Metropolitan Museum" に変更して，設問を作成した。中学1年生にとっては，主語の変更および "many" と "a lot of" の書き換え程度でも十分であろう。

次の各問に適切な選択肢を1つ選び，記号で答えなさい。
1. A lot of ＿＿＿＿＿＿ are in the Metropolitan Museum.
　A. pictures of Japanese mountains　　B. works of Japanese art　　C. Japanese people
2. We can climb Mt. Fuji during ＿＿＿＿＿＿.
　A. spring and summer　　B. summer and fall　　C. fall and winter

【解答：1. B, 2. B】

〈例2・空所補充〉

　今回のように教科書本文をそのまま出題する場合，記憶力テストになるような並べ替え問題などは避ける必要がある。空所補充の場合，もともとの会話文を同じ内容のモノローグに書き換えることで，表現を大きく変更することなく，記憶力の影響を小さくすることができる。

次の英文は由紀とサラとのやりとりを，由紀の家族がメモとしてまとめたものである。次の空欄に入る適切な単語を1語で答えなさい。

Sara took us to the Metropolitan Museum. A lot of（[1]　　）of Japanese art are on the second floor. Sara found Mt. Fuji in a（[2]　　）. Japanese people love Mt. Fuji. People can't climb Mt. Fuji during winter and（[3]　　）.

【解答：[1] works, [2] picture, [3] spring】※部分点はない。

【状況2】教科書本文を書き換えて出題（中3）

◆テスト形式と留意点：書き換えた教科書本文と多肢選択式（3択）や真偽判定。教科書を書き換える際は，機械的に要約やパラフレーズをするのではなく，オーラル・イントロダクションや発問など，授業内の表現を活用することで，授業への良い波及効果も期待できる（楠井, 2012）。教科書を大きく書き換える場合，必要に応じて英文の読みやすさを確認しておくとよい。読みや

すさの指標については小泉（2012）を参照されたい。

◆テスト形式，配点例，採点方法

　［例1］多肢選択式：質問文形式（各1点×2問＝2点）

　［例2］真偽判定（各1点×4問＝4点）

<教科書本文概要>

山本さんは小学生の時に父とともにアフリカを訪れた。そこでは，多くの人が飢餓や病気で苦しんでおり，その光景を見た山本さんは国際協力に興味を持った。医者になった山本さんは多くの発展途上国で医療活動を行うが，1年間に数百人しか救うことができなかった。山本さんは発展途上国で支援活動を行う自国の人の増加を目指し，2004年に「宇宙船地球号」を創設した（松畑他，2016，著者訳）。

<書き換えた英文>

次の英文を読んで，以下の問に答えなさい。

　Do you know how many poor people there are in the world? The survey of the World Food Program (WFP) showed that 795,000,000 people were suffering from hunger in 2015. The number of poor people is decreasing. In fact, there were about 1,000,000,000 people in hunger ten years ago. Many people develop solutions to international problems such as the hunger problem.

　Mr. Yamamoto is one of the people who help poor people all over the world. When he was an elementary school student, his father took him to Africa. He was surprised and shocked at the situation that a lot of poor people were suffering from hunger and illness. When he grew up, he visited many developing countries as a doctor. However, he knew that he could save only a few hundred people. So, he made a group called "Earth the Spaceship," which improves the living environment of poor people. The members of the group try to increase the number of people who work as volunteers.

<例1・多肢選択式：質問文形式>

　行間を読むような深い理解を測定したい場合には，英文間の因果関係の理解を尋ねる設問にするとよい。教科書の書き換えを行って出題する場合，教科書本文には書かれていない内容の理解を問うこともできる。今回の設問の1.は教科書本文を暗記しただけでは解答できない問題になっている。

次の各問に適切な選択肢を1つ選び，記号で答えなさい。

1. Why is the number of poor people decreasing?
   A. The total number of people in the world is decreasing.
   B. A lot of people are finding solutions to international problems.
   C. The World Food Program (WFP) is working harder than before.

2. Why did Mr. Yamamoto start "Earth the Spaceship"?
   A. To save more people than he could save as a doctor.
   B. To increase the number of doctors in developing countries.
   C. To report the living environment of poor people.

【解答：1. B, 2. A】

<例2・真偽判定>
　上述の質問文形式では英文間の関係性の理解を問う問題であったが，ここでは英文の部分的な理解を問う問題として，真偽判定法による例を紹介する。

次の各文について，本文と一致する場合はT，一致しない場合はFを書きなさい。
1. More people are suffering from hunger than ten years ago.
2. Mr. Yamamoto worked as a volunteer when he was in elementary school.
3. Mr. Yamamoto chose to visit many developing countries as a doctor.
4. "Earth the Spaceship" helps people who want to work for poor people in developing countries.

【解答：1. F, 2. F, 3. T, 4. T】

【状況3】教科書の原典を出題（高3）

◆テスト形式と留意点：教科書の原典と多肢選択式（3択）や真偽判定。初見の英文を出題する場合，指導内容と全く関連性がない英文を出題すると，到達度テストではなく熟達度テストになってしまう恐れがある。英文間の関連性を検討する際の観点としては，トピック，読みやすさ，文章構成がある。これらの観点で教科書本文と類似しているか確認することが望ましい（2.2.3節参照；清水，2015）。本書では2.2.5節で紹介した教科書の原典を出題する方法を紹介する。この方法の場合，トピックと文章構成の関連性を確保できる。ただし，原典の英文は教科書本文に比べ，難易度が高い英文であることが多いため，状況2と同様に読みやすさについては検討を行い，修正が必要になることもある。

◆テスト形式，配点例，採点方法
　［例1］多肢選択式：不完全質問文（各1点×2問＝2点）
　［例2］空所補充：（各2点×4問＝8点）※部分点あり

<教科書の原典例>

　Jazz musicians need some notes – most of them need some notes on the page. We need more rules for the bankers. But, too many rules prevent accomplished jazz musicians from improvising. And as a result, they lose their gifts, or worse, they stop playing altogether. Now, how about incentives? If you have one reason for doing something and I give you a second reason for doing the same thing, it seems logical that two reasons are better than one, and you're more likely to do it. However, sometimes two reasons to do the same thing seem to compete with one another instead of complementing, and they make people less likely to do it.

I'll just give you one example. In Switzerland, back about 15 years ago, they were trying to decide where to site nuclear waste dumps. There was going to be a national referendum. Some psychologists went around and polled citizens who were very well informed. And they said, "Would you be willing to have a nuclear waste dump in your community?" Astonishingly, 50 percent of the citizens said yes. They knew it was dangerous. They thought it would reduce their property values. But it had to go somewhere and they had responsibilities as citizens. The psychologists asked other people a slightly different question. They said, "If we paid you six weeks' salary every year, would you be willing to have a nuclear waste dump in your community?" Here are two reasons. It's my responsibility and I'm getting paid. Instead of 50 percent saying yes, 25 percent said yes. What happens is that the introduction of this second incentive makes us ask ourselves "What serves my interests?" instead of "What is my responsibility?" When incentives don't work, when CEOs ignore the long-term health of their companies in pursuit of short-term gains that will lead to massive bonuses, the response is always the same. They aim to get more incentives.

(Schwartz, 2009 を一部改変)

<例1・多肢選択式：不完全質問文>

　教科書の原典を出題することで，指導内容が初見の英文にも応用できるか（例：パラグラフの主題を理解する）を測定したい場合には，教科書本文では削除されているような部分を問う設問にするとよいだろう。今回の設問の 2. は教科書本文では削除されている内容の理解を問う問題になっている。

　次の各問に適切な選択肢を1つ選び，記号で答えなさい。
　1. Too many rules prevent one from working _____.
　　　A. logically　　B. flexibly　　C. proudly
　2. Personal _____ twist our feeling of responsibility.
　　　A. benefits　　B. sacrifices　　C. products

【解答：1. B，2. A】

<例2・空所補充>

　第2パラグラフの具体例から読み取った内容を応用して，日常生活で生じるような問題の解決策を考えさせる問題である。今回はリーディングテストの問題例であるため，ライティング能力の影響を排除するべく，解答言語は日本語に設定している。また，解答は記述式であるため，一貫性のある採点ができるよう，部分点を含めた採点基準を作成した。

　A町では，地域住民が近隣の公園を美化する活動を行うことを決めた。公園清掃の参加者を増やすため，1回につき500円の地域商品券を配ることとした。しかし，公園清掃の参加者は少なくなっていく一方であった。「公園清掃の参加者を増やすにはどうすればよいか」について，美化活動担当者が書いたまとめが以下の文である。与えられた英文の内容に基づいて，メモの中にある空欄を日本語で埋めなさい。（1問2点）

読んだ文章によると，(1.　　　　　　) よりは，(2.　　　　　　　) 方がうまくいく。そのため，A 町の場合では，500 円の地域商品券の配布を (3.　　　　　)，地域の公園の美化は (4.　　　　　　) ことを伝えるようにする。

【解答例】（各 2 点）：判定基準：必要な情報（下線部）を入れている。英語の理解測定に焦点を当てるため，前後の文脈に合う形が望ましいが，そうでなくても理解していることがわかれば減点しない：1. <u>報酬</u>（を与える）　2.（社会的な）<u>責任感を高揚</u>する　3. <u>止め</u>　4. 近隣<u>住民の役割（責任）</u>である

部分点 1 点の例（下線部の情報が一部のみ書かれている）：2. 責任感の（責任感をどうするかが書いていない）　4. 責任である（誰の責任かが書いていない）

（【状況 3】教科書と同じトピックの英文を出題（高 3）のテスト例をウェブサイトより提供）

3.5 技能統合型スピーキングテスト

(1) テスト細目
◆テストの種類：定期テストの一部。到達度テスト
◆テスト目的：成績評価。到達度を確認し，指導に生かす。
◆測る能力：教科書に関連した身近な話題について，聞いた内容を要約して口頭で発表することができる。

(2) テスト作成前の状況設定

指導目標	授業での活動	制約
英語で話し合った内容をまとめて他人に伝えることができる。	高3：3人のグループで，テーマに基づいて話し合いを行った。そのうちの1人が話し合いの結論をまとめ，全体の前で発表した。	授業内外で30分以上スピーキングテストを実施する時間を取るのは難しい。採点する時間は放課後になる。録音機器はクラス人数の半分の数ある。

(3) テスト設問例 （指示は日本語で行うことを想定したが，生徒が理解できるようであれば英語で行う）

【状況】聞いた意見を要約する──情報の統合度合いが中程度

◆テスト構成・形式：インプットを要約するテスト（リスニング→スピーキング）。
◆実施方法：生徒は，① ALTと日本人教師の会話を聞く，② 30秒で要約の準備をする，③ 60秒で口頭要約をする。
◆用意するもの：録音機器，指示文，リスニング用英会話2パターン，ルーブリック，評価シート（教員用），自己評価シート（生徒用）

◆実施方法：所要時間約15分

手順	所要時間
1. 生徒用タスクカードを配布し，テスト内容の指示を口頭で行う	5分
2. Student A にリスニング英会話パターン1を聞かせる	2分
3. 要約の準備をさせる	30秒
4. 録音機器に要約を吹き込ませる	1分
5. Student B にリスニング英会話パターン2を聞かせる	2分
6. 要約の準備をさせる	30秒
7. 録音機器に要約を吹き込ませる	1分
8. Student AとBにこのテストの自己評価と感想を書かせる	3分

注：Student AとBに異なる英会話を要約させるのは，録音機器の数の制限により，一度に半分の生徒のテストしか実施できないためであり，前の生徒のまねができないようにするためである。2つのリスニング英会話の難易度をできるだけ同じようにすることが必要である。語彙，スピードなどがなるべく同じになるように注意する。

<生徒用タスクカード>

　　田中先生と John 先生（ALT）は一緒に旅行に行く約束をしました。旅行に持っていく物を決めようとしています。
　　　　旅行の場所と時：Hokkaido in January　　　目的：To go skiing
　　　　気温：Very cold both day and night
　2人の会話を聞いて，2人が何を持っていくことにしたかについて<u>1分間で話してください</u>。その会話を聞いていないクラスメートが，会話の内容をわかるように話してください。その際，次の2つの内容を含めてください。
　① 何個のものを持っていくことにしたか
　② 何をなぜ持っていくことにしたか

　会話を聞いている際メモを取ってもかまいません。会話は<u>一度だけ流れます</u>。会話の後，<u>30秒の準備時間</u>があります。評価のポイントは以下の3点です。
　●①と②の内容を正しく伝えられているか
　●わかりやすい発音で話せているか
　●意味がわかるような文法と単語で話せているか（細かい間違いは気にしません）

　話す際には合図に従ってICレコーダーのスイッチを入れてください。自分の名前を言うのを忘れないようにしてください。

<教師が口頭で伝える指示>

　これからスピーキングテストを行います。タスクカードを読んでください。（2〜3分後）何か質問はありますか。（簡単にやることを説明する）
　最初に Student A の人のテストをします。Student A の人に IC レコーダーを渡してください。録音は録音ボタンを押すと，そのまま録音できます。指示が出てから押してください。Student A の人がテストしている間，Student B の人は先ほどの活動の反省と感想を書いていてください。Student A の人のテストが終わったら Student B と交代します。
　Student A の人たち，準備はいいですか。それではこれから田中先生と John 先生の会話を聞きます。（リスニング1を流す：2分後）それでは30秒以内に話す準備をしてください。（30秒後）これから1分間で2人の会話について話してもらいます。まずは IC レコーダーのスイッチを入れてください。入れましたか。自分の名前を言ってから始めてください。Please begin.（1分後）Please stop. 録音を止めてください。
　（Student B のテストを実施する。前段落の「Student A」を「Student B」に，「リスニング1」を「リスニング2」にして読み上げる。）
　これで終わりです。では今のテストの自己評価と感想をワークシートに書いてください。

<リスニングスクリプト>

Tanaka:	Hi, John. Do you have a moment?
John:	Sure, what's up?

Tanaka:	Actually, we are going for a trip to Hokkaido in January, right? I think we need to think about things we should bring with us.
John:	Yeah, good idea. Mmm. Let me think . . . In January, Hokkaido has a lot of snow, and it's hard to walk. So, we need snow boots. Do you have snow boots?
Tanaka:	No. But I'll buy those. Okay. How about gloves? I think we need them for skiing.
John:	Yeah. But as for skiing, we can rent everything at the place. So, we don't need gloves this time.
Tanaka:	Okay. Oh, we will go to Hokkaido by Shinkansen, right? It takes about 4 hours and we need something we can enjoy in the Shinkansen.
John:	How about something to read? Or if you have a smartphone, you can play video games with it.
Tanaka:	That's a good idea. Let's bring some books and a smartphone. Mmm. What else? Oh, I think we might bring some stomach medicine.
John:	Stomach medicine? Why?
Tanaka:	You know, after skiing, we'll eat a lot of great seafood. So it's better to have some medicine in case we eat too much.
John:	Hahaha. Funny. But yeah. I agree with you.
Tanaka:	All right. Anything else?
John:	I think that's about it.
Tanaka:	Okay. That's good. I'm getting excited.
John:	Yeah. I'm looking forward to the trip. Don't catch cold. Okay?
Tanaka:	Of course. You, too. See you around.
John:	See you. Take care.

注：このリスニングの会話は自作のものであるが，難易度には気をつけたい。リスニングテストとは異なり，内容をスピーキングにつなげる必要があるため，生徒にとってやや簡単なくらいがちょうど良い。音声の録音については2.2.4節を参照。適度に相づちや filler を入れる方が自然である。これと同様のものをもう1パターン作成する。

＜ルーブリック：分析的評価①「内容」＞*

評価規準：何個のものを持っていくか，何をなぜ持っていくことにしたかを的確に話している。	
3	以下の9つのポイントをすべて正確に押さえている。 ①4つのものを持っていく ②〜⑨持っていくものとその理由 | ② snow boots	⑥ It is hard to walk.
③ books（something to read）	⑦ They can enjoy in the Shinkansen.
④ smartphone	⑧ They can enjoy in the Shinkansen.
⑤ (stomach) medicine	⑨ They can feel okay after eating too much. | 理由が意味のある文で述べられていない場合は，1ポイントと考えない（例えば，"Snow boots because snow" や "Books because in shinkansen" など。この場合②，③については各1ポイントと考える）。会話の内容を知らない人が理解できることを想定して評価する。理解可能であれば，文法の間違いは特に気にしない。
2	押さえるべき9つのポイントのうち5〜8つが的確に押さえられている。

1	押さえるべき9つのポイントのうち1～4つが的確に押さえられている。
0	何も話せていない。もしくは押さえるべきポイントが1つも的確に押さえられていない。

＜ルーブリック：分析的評価②「発音」＞

評価規準：わかりやすい発音で話している。既習事項の発音のポイントが押さえられている。	
2	(a) 語頭の子音を正しく発音している（/b/, /s/, /w/ など）。および (b) and, because, think など，単語の後に不必要な母音が付け加えられていない。
1	(a), (b) のどちらかができていない。
0	(a), (b) のどちらもできてない。

注：英語に関しては実際に授業で指導した点を測るとよい。2.2.2節のEBB尺度の形にしてもよい。

＜教員用評価シート＞（ウェブサイトより提供）
＜内容が3点満点のモデル解答＞（ウェブサイトより提供）

＜予想されるパフォーマンス＞*（内容が3点満点の場合）

My name is XYZ. They are talking about trip. They bring 4 thing. One. They bring snow boots because it's hard to walk Hokkaido. Two. They bring book and smartphone because they want to enjoy Shinkansen. Three. They bring medicine because they are okay after eat too much.
解説：9つすべてのポイントが押さえられている。文法の誤りは意味が通じる限り許容する（例えば4 thing, bring book, because it's hard to walk Hokkaido など）。誰が何をした（S+Vの構造，語順）が正確であれば，他の間違いは許容する。

注：実際に同じレベルの生徒に受けてもらってパフォーマンスを用意するか，どういうパフォーマンスが許容され，また減点されるかを書き出しておくとよい。2人以上が採点する際はその情報を共有しておく必要がある。採点を始める前に，いくつか生徒のパフォーマンスを聞き，実際にどのようなものが許容されるかを考えておくとよい。

＜予想されるパフォーマンス＞*（内容が2点の場合）

My name is XYZ. They go to Hokkaido. 4 thing. First, snow boots. Because walk is hard. Second, book and smartphone. Because Shinkansen. Third, medicine. Because too much eat.
解説：6つのポイントが押さえられている（4 thing, snow boots, walk is hard, book, smartphone, medicine）。持っていくものの場合They will bringはなくても良いことにする。しかし，理由が不完全なため，ポイントがついていない。理由についてはS+Vの構造で話すことが条件となり，単語のみで理由を述べることは意味が正しく通じないものとして扱う。

＜予想されるパフォーマンス＞*（内容が1点の場合）

My name is XYZ. 4. Snow boots. Because hard, walk. Second, book and smaho. Because Shinkansen. Third, medicine.
解説：3つのポイントが押さえられている（4, snow boots, medicine）。持っていくものとして，novelは不可とする（本としか言っていないため）。また，スマホ（smaho）という単語は英語として通じないと思われるため，正しい回答として扱わない。理由も，意味のある文法構造で答えられていないため，ポイントにはならない。

3.6 技能統合型ライティングテスト

(1) テスト細目
- ◆テストの種類：定期テストの一部。到達度テスト。
- ◆テスト目的：成績評価。到達度を確認し，指導に生かす。
- ◆測る能力：読んだり聞いたりしたことをもとに，適切な表現を用いてその要点をまとめ，自分の考えや意見，その理由などをまとまりのある文章で具体的に書くことができる。

(2) テスト作成前の状況設定

状況	指導目標	授業での活動
1	社会問題（水不足）に関する文章を読み，その概要を理解しまとめるとともに，解決方法に関する自分の考えを書くことができる。	高1：ボルネオにおける水不足の問題についての英文を読み，その解決方法について，「もし自分が首相だったら」という想定で，その解決方法について書いたものをもとに，発表する。
2	医療倫理に関わるさまざまな事例について読んだり聞いたりしたことをもとに，適切な表現を用いて自分の考えを書くことができる。	高3：がんの告知，安楽死，クローン，臓器移植など，生命と医療に関わるさまざまな話題について読んだり聞いたりしたことをふまえ，安楽死についてミニディベートを行う。

ここで紹介する2例については，いずれも前半は与えられた内容についてまとめる「中程度の制限産出型」の形式，後半に考えや意見を述べる部分については，「自由産出型」であるといえる。このように出題方法によって，制限の有無が変わることがある点に留意し，それぞれの目的に応じて設問を作成する。

(3) テスト設問例（指示は英語で行うことを想定したが，生徒の理解が困難であれば日本語で行う）

【状況1】読んだ内容についてまとめや意見を書く――情報の統合度合いが中程度

- ◆テスト構成・形式：授業で扱った内容と類似した文章を読み，その問題点をまとめて英語で書く（Q1）。さらに，問題点の解決方法とその重要性についての自分の考えを，英語で書く（Q2）。使用する英文については，教科書に掲載されている補充読み物（Supplementary Reading）の英文を使用した（授業では未使用）。Q1は2点，Q2は4点，計6点満点。
- ◆授業とテストでの状況の設定：授業で使用した本文は，水の管理や温暖化など，さまざまな要因により世界各地で生じている水を巡るさまざまな問題，途上国保護のための仮想水（virtual water）の考え方，そして解決方法の1つとしての海水浄化システムなどについて説明されている。この文章を言語活動の一部として触れた。この活動から得た水問題に関する内容と言語知識をベースに，応用問題として，Reading-Writing型のライティングテストを設定した。

＜授業で使用した文章の要約＞

Genius English Communication I Revised（2016），Lesson 8 Water crisis, pp. 94-101 の本文要約（教師用資料より）

＜生徒に伝える内容＞

You will read a story about a woman and write your idea for a newspaper in your school. Read the following story and answer the questions.

> Aylito Binayo's feet know the mountain. Even at four in the morning she can run down the rocks to the river by starlight alone and climb the steep mountain back up to her village with over 20 kg of water on her back. She has made this journey three times a day for nearly all her 25 years. So has every other woman in her village of Foro in southwestern Ethiopia. Binayo quit school when she was eight years old, in part because she had to help her mother fetch water from the Toiro River. The water is dirty and unsafe to drink, but it is the only water Foro has ever had.
> （*Genius English Communication I Revised*（2016），Read On 8, The Burden of Thirst, p. 178 より）

Q1: Write one problem that the villagers of Foro are facing. Write in one or more sentence.

Q2: If you were the prime minister of Japan, what would you do to help them solve the problem? Write a solution and the impact it will bring them. Write in 50-80 words.

＜Q1のルーブリック：総合的評価＞

2	本文に述べられている問題点を簡潔にまとめ，正しく伝えている。
1	本文に述べられている問題点は伝えている。個別の事例について述べている，抜き出しのみで言い換えていない。
0	誤りや情報不足のために，理解できない，または無回答。

＜Q1の採点例＞*

2点：例1：People in the village have to go down and up the mountain to get water.（本文の情報を一部書き換えてまとめ，問題点を一般論として簡潔に説明している）

　　　例2：Women in the village cannot go to school.

　　　例3：The water is dirty, and unsafe to drink.

1点：Even at four in the morning, Aylito can run down the rocks to the river by starlight alone and climb the steep mountain back up to her village with over 20 kg of water on her back.（本文から抜き出しているが個別の事例。整理されていない）

0点：Water is too heavy for women to carry. （本文にない誤情報）

＜Q2のルーブリック：総合的評価＞

4	Q1で答えた問題点に対して，①その解決方法および②そのもたらす効果の双方について，内容・文法的に正しく，十分な情報を伝えることができる。
3	Q1で答えた問題点に対して，①その解決方法および②そのもたらす効果の双方について，十分な情報を伝えることができる。

2	Q1で答えた問題点に対して，①その解決方法，②そのもたらす効果のいずれかについて，十分な情報を伝えている。
1	Q1で答えた問題点に対して，①その解決方法，②そのもたらす効果について答えようとしているが，いずれも伝わりにくい。
0	Q1で答えた問題点に対して答えていない，または無回答。

＜Q2の採点例＞* （注目点は**太字下線**）

4点：If I were the prime minister, I would ask some Japanese companies to go to the village to help them learn how to develop a system to change dirty water to clean one. If they can supply clean drinking water, they can prevent from suffering diseases and save a lot of lives. (52 words; ①②両方含む。別な解答例をウェブサイトより提供)

3点：If I were the prime minister, I would ask some Japanese **company** to go to the village to help them learn how to develop a system to change dirty water to clean one. If they can **prevent suffering the disease** and save a lot of lives. (52 words; ①②両方含む。一部誤りを含んでいるが，伝わる)

2点：If I were the prime minister, I would ask some Japanese **company** to go to the village to help them learn how to develop a system to change dirty water to clean one. If they can supply clean drinking water, they are happy. (43 words; ①はわかりやすく書けているが，②は具体性に欠ける)

1点：I **ask** some Japanese companies to go to the village to **learning** how to **change dirty clean**. If they can drinking water, they can prevent from suffering **disease** and save a lot of lives. (36 words; 誤りが多くわかりにくい部分がある。①②も十分ではない)

0点：The village is poor. We should send money and they will make a living and save a lot of lives. (20 words; 水の問題との関連について説明されていない)

【状況2】聞いた内容についてまとめや意見を書く —— 情報の統合度合いが中程度

◆テスト構成・形式：授業で扱った内容に関連した音声を聞き，その内容を簡潔にまとめて書いた上で，その事柄についての自分の意見を書く。使用した音声については，Voice of America (VOA)のウェブサイトから安楽死に関する記事を引用して使用した。Q1およびQ2は各2点，Q3は4点，計8点満点。

◆授業とテストでの状況の設定・出題の趣旨：授業においては，生命と医療に関わるさまざまな話題について読んだり聞いたりしたことをふまえ，ミニディベートを行った。この内容と言語知識をベースに，Listening-Writing型のライティングテストを設定した。

＜授業で使用した文章のうち関連箇所＞
UNICORN English Expression II（文英堂）(2014). Lesson 20 Medical ethics, p. 90 より

＜生徒に伝える内容＞

You will hear a case study about euthanasia. Listen to the narration and answer the following questions.

> The topics of euthanasia and assisted suicide are getting a lot of media attention recently. Euthanasia means killing someone who is very sick to prevent more suffering. Assisted suicide is less direct. It is when one person helps another person kill him or herself.
>
> The topics have been in the news following the death of a young, terminally-ill woman in Oregon. Doctors told Brittany Maynard she had cancer in her brain and would live only several more months. But Ms. Maynard did not die from cancer. She died from drugs her doctor gave her so she could end her life.
>
> Ms. Maynard had publicly spoken about her plan to kill herself. In a piece on the CNN website, she wrote that she wanted to die before the cancer and treatment for it "destroyed the time she had left." She was dying, she argued, and she wanted to do so on her terms.
>
> （Voice of America (2016a). から使用した音声のスクリプト。1分16秒）
>
> Q1: What was the problem that Brittany had? Write in one or more sentence.
> Q2: What did she do to solve the problem? Write in one or more sentence.
> Q3: What do you think about euthanasia? Write your opinion in 100-120 words. Use the Brittany's case as an example.

＜Q1 および Q2 のルーブリック：総合的評価＞

2	質問に対する答えを正しく伝えている。
1	質問に対する答えを伝えている。本文から抜き出しているが，整理されていない，誤りのためにわかりにくい部分がある。
0	誤りや情報不足のために，理解できない，質問に答えていない，または無回答。

＜Q1 の採点例＞*

2点：例1：She had cancer in her brain and could not live much longer.
　　　例2：She had cancer in her brain and would live only several more months.［本文からの抜き出しに近いが，質問には答えている］
1点：She had cancer in her brain.［説明不足］
0点：She died from cancer.［質問に答えていない］

＜Q2 の採点例＞*

2点：例1：She chose to kill herself. または She chose euthanasia.
　　　例2：She died from drugs her doctor gave her so she could end her life.［本文からの抜き出しに近いが，質問には答えている］
1点：She asked doctors for help.［説明不足］
0点：She wrote to CNN.［質問に答えていない］

＜Q3 のルーブリック：総合的評価＞

4	安楽死に関する自分の意見について，本文の例を効果的に用いながら，正しく十分に説明している。100〜120 語書いた。Major error について2か所までは許容。
3	安楽死に関する自分の意見について，本文の例を用いながら十分に説明している。100〜120 語書いた。Major error について4か所までは許容。

2	安楽死に関する自分の意見について，本文の例を用いながら述べているが，文法的誤りまたは情報不足のため説明不足である。または，本文の例を用いていない。60〜99語書いた。または Major error が5つ以上。
1	安楽死に関する自分の意見について述べているが，伝わらない部分が多い。59語以下。
0	安楽死に関する自分の意見について述べていない，または無回答。

※ Q3における誤りの扱いについては，文法・語法や文構造の誤りにより内容理解を妨げるものを Major error とし，冠詞や綴り字など，内容理解を妨げないものを Minor error とする。

＜Q3の採点例＞*

4点：I agree with euthanasia. Some people may say that euthanasia is like suicide, and it is a bad thing because it is an action that finishes one's own life. However, euthanasia is different from suicide, and it should be permitted. For instance, in Brittany's case, she **told** that she would die in a couple of months. She had no choice but to die, or rather say that she lived only to die. She might **feels** a lot of pain **mental** as well as **physical**. If we admit euthanasia, it means that we can help people like her escape from pain, and let them die peacefully with their own will. So, I believe euthanasia should be permitted. [110 words; Major error（語法，品詞の誤り）があるが数は少ない。別な解答例がウェブサイトよりダウンロード可]

3点：I agree with euthanasia. Some people **says** that euthanasia **like** suicide, and it is a bad thing because it is an action that finishes one's own life. However, euthanasia is different from suicide, and it should be permitted. For instance, in Brittany's case, she was told that she would **die from** a couple of months. She had no choice but to die, or rather say that she lived only to die. I thought she was very poor. If we admit euthanasia, she can escape from pain, and become happy after that. So, I believe **euthanasia should permit**. [101 words; Major error（like の前の be 動詞の欠如，die の語法，態）が3つある]

2点：I agree with euthanasia. Some people may say that euthanasia is like suicide. **Killing is bad because it is an action that finishes one's own life**. However, euthanasia is different from suicide. Brittany said she **wants to** die in a couple of months. She had to die, it is a sad thing. To admit euthanasia can help her from pain and she **dies** peacefully. [64 words; 誤りや説明不足のため，わかりにくい部分がある]

1点：I agree with euthanasia. **Killing is bad because it is an action that finishes one's own life**. Euthanasia can help from pain of cancer and we **can be happy**. [30 words; 意見を述べているが，伝わらない部分が多い。具体例を用いていない]

0点：I think Brittany **is** a poor woman because she suffered from cancer, and **not** live long. [16 words; Brittany に関する感情を述べているだけであり，安楽死について触れていない]

参考文献

Advanced Teacher Training. (2016). *Teach children ESL.* Retrieved from http://www.teachchildrenesl.com/worksheets/where-is-fluffy/

Alderson, J. C. (2005). *Diagnosing foreign language proficiency: The interface between learning and assessment.* London, U.K.: Continuum International.

Alderson, J. C., Clapham, C., & Wall, D. (1995). *Language test construction and evaluation.* Cambridge University Press.（チャールズ・オルダーソン，キャロライン・クラッファム，ダイアン・ウォール (2010).『言語テストの作成と評価—あたらしい外国語教育のために』（渡部良典訳）. 春風社）

Bachman, L. F., & Kunnan, A. J. (2005). *Statistical analyses for language assessment workbook and CD-ROM.* Cambridge University Press.

Bachman, L. F., & Palmer, A. S. (1996). *Language testing in practice.* Oxford University Press.（L. F. バックマン，A. S. パーマー (2000).『<実践>言語テスト作成法』（大友賢二，ランドルフ・スラッシャー監訳）. 大修館書店）

Bachman, L., & Palmer, A. (2010). *Language assessment in practice.* Oxford University Press.

Brown, H. D., & Abeywickrama, P. (2010). *Language assessment: Principles and classroom practices* (2nd ed.). White Plains, NY: Pearson Education.

Brown, J. D. (2012). (Ed.). *Developing, using, and analyzing rubrics in language assessment with case studies in Asian and Pacific languages.* University of Hawai'i at Mānoa.

Brown, J. D. (2014). *Testing in language programs: A comprehensive guide to English language assessments* (new ed.). JD Brown Publishing.

Carr, N. (2011). *Designing and analyzing language tests.* Oxford University Press.

Chapelle, C. A., Enright, M. K., & Jamieson, J. M. (Eds.). (2008). *Building a validity argument for the Test of English as a Foreign Language*™. New York, NY: Routledge.

Council of Europe. (2001). *Common European framework of reference for languages: Learning, teaching, assessment.* Cambridge University Press.

Cumming, A. (2013). Assessing integrated writing tasks for academic purposes: Promises and perils. *Language Assessment Quarterly, 10*, 1-8. doi:10.1080/15434303.2011.622016

Cumming, A. (2014). Assessing integrated skills. In A. Kunnan (Ed.), *The companion to language assessment* (Vol. I: Abilities, contexts, and learners; Part 2: Assessing abilities, pp. 216-229). West Sussex, U.K.: John Wiley & Sons.

Downing, S. M. (2006). Selected-response item formats in test development. In S. M. Downing & T. M. Haladyna (Eds.), *Handbook of test development* (pp. 287-301). Mahwah, NJ: Erlbaum.

Downing, S. M., Baranowski, R. A., Grosso, L. J., & Norcini, J. R. (1995). Item type and cognitive ability measured: The validity evidence for multiple true-false items in medical specialty certification. *Applied Measurement in Education, 8*, 189-199. doi:http://dx.doi.org/10.1207/s15324818ame0802_5

Fulcher, G. (2003). *Testing second language speaking.* Essex, U.K.: Pearson Education.

Gebril, A., & Plakans, L. (2013). Toward a transparent construct of reading-to-write tasks: The interface between discourse features and proficiency. *Language Assessment Quarterly, 10*, 9-27. doi:10.1080/15434303.2011.642040

Haladyna, T. M. (2015). *Developing and validating multiple-choice test items* (3rd ed.). New York, NY: Lawrence Erlbaum.

Haladyna, T. M., & Rodriguez, M. C. (2013). *Developing and validating test items.* New York, NY: Routledge.

Henning, G. (1987). *A Guide to language testing.* MA: Heinle & Heinle.

Hirai, A., & Koizumi, R. (2013). Validation of empirically derived rating scales for a Story Retelling Speaking Test. *Language Assessment Quarterly*, *10*, 398-422. doi:10.1080/15434303.2013.824973

Hughes, A. (2003). *Testing for language teachers* (2nd ed). Cambridge University Press. (アーサー・ヒューズ (2003).『英語のテストはこう作る』(靜哲人訳). 研究社)

Iimura, H. (2011). The influence of test format on performance: Focusing on the presentation of questions and answer options in multiple-choice listening tests. *ARELE (Annual Review of English Language Education in Japan)*, *22*, 361-376.

Iimura, H. (2015). The effects of the number of options on different tasks in multiple-choice listening tests. *ARELE*, *26*, 237-252.

Kane, M. (2016). Validation strategies: Delineating and validating proposed interpretations and uses of test scores. In S. Lane, M. R. Raymond & T. M. Haladyna (Eds.), *Handbook of test development* (2nd ed., pp. 64-80). New York, NY: Routledge.

Knoch, U., & Sitajalabhorn, W. (2013). A closer look at integrated writing tasks: Towards a more focussed definition for assessment purposes. *Assessing Writing*, *18*, 300-308. doi:http://dx.doi.org/10.1016/j.asw.2013.09.003

Koizumi, R., In'nami, Y., & Fukazawa, M. (2016). Development of a paired oral test for Japanese university students. In C. Saida, Y. Hoshino, & J. Dunlea (Eds.), *British Council New Directions in Language Assessment: JASELE Journal Special Edition* (pp. 103-121). Tokyo: British Council Japan.

Luoma, S. (2004). *Assessing speaking.* Cambridge University Press.

McNamara, T. (1996). *Measuring second language performance.* Essex, U.K.: Addison Wesley Longman.

Messick, S. (1996). Validity and washback in language testing. *Language Testing*, *13*, 241-256. doi:10.1177/026553229601300302

Mizumoto, A. (n.d.). langtest.jp. Retrieved from http://langtest.jp/

Nakata, T. (2015). Effects of expanding and equal spacing on second language vocabulary learning: Does gradually increasing spacing increase vocabulary learning? *Studies in Second Language Acquisition*, *37*, 677-711. doi:https://doi.org/10.1017/S0272263114000825

Nakata, T., & Webb, S. (2016). Does studying vocabulary in smaller sets increase learning? The effects of part and whole learning on second language vocabulary acquisition. *Studies in Second Language Acquisition, 38*, 523-552. doi:https://doi.org/10.1017/S0272263115000236　論文内容のわかりやすいまとめは以下を参照 https://www.slideshare.net/TatsuyaNakata/optimizing-computerbased-second-language-vocabulary-learning

Plakans, L. (2013). Assessment of integrated skills. In C. A. Chapelle (Ed.), *The encyclopedia of applied linguistics* (pp. 205-212). West Sussex, U.K.: John Wiley & Sons.

Plakans, L., & Gebril, A. (2015). *Assessment myths: Applying second language research to classroom teaching.* University of Michigan Press.

Raney, G. E. (2003). A context-dependent representation model for explaining text repetition effects. *Psychonomic Bulletin and Review*, *10*, 15-28.

Rodriguez, M. C. (2005). Three options are optimal for multiple-choice items: A meta-analysis of 80 years of research. *Educational Measurement: Issues and Practice*, *24* (2), 3-13. doi:10.1111/j.1745-

3992.2005.00006.x

Sawaki, Y., & Koizumi, R.（2015, March）. *Japanese students' and teachers' perception and use of score reports for two large-scale EFL tests.* Paper presented at the 37th Language Testing Research Colloquium, Eaton Chelsea, Toronto, Ontario, Canada.

Schwartz, B.（2009）. Our loss of wisdom. Retrieved from https://www.ted.com/talks/barry_schwartz_on_our_loss_of_wisdom/transcript?language=en

Shizuka, T., Takeuchi, O., Yashima, T., & Yoshizawa, K.（2006）. A comparison of three- and four-option English tests for university entrance selection purposes in Japan. *Language Testing, 23,* 35-57. doi:10.1191/0265532206lt319oa

Tauroza, S., & Allison, D.（1990）. Speech rates in British English. *Applied Linguistics, 11,* 90-105. doi:https://doi.org/10.1093/applin/11.1.90

Turner, C. E., & Upshur, J. A.（1996）. Developing rating scales for the assessment of second language performance. In G. Wigglesworth & C. Elder（Eds.）, *The language testing cycle: From inception to washback*（pp. 55-79）. Melbourne, Australia: Applied Linguistics Association of Australia.

Voice of America（2016a）. Should you have the right to die? Retrieved from http://learningenglish.voanews.com/content/should-doctors-be-able-to-help-patients-kill-themselves/2520925.html

Voice of America.（2016b）. Why it's harder to sleep in a new place. Retrieved from http://learningenglish.voanews.com/content/why-its-harder-to-sleep-new-place/3301774.html

Weigle, S. C.（2002）. *Assessing writing.* Cambridge University Press.

Weir, C. J.（2005）. *Language testing and validation: An evidence-based approach.* New York, NY: Palgrave Macmillan.

相澤一美・望月正道（編著）（2010）『英語語彙指導の実践アイディア集―活動例からテスト作成まで（CD-ROM 付）』大修館書店

青木昭六（編）（1985）『英語の評価論』大修館書店

荒井清佳（2015）「多肢選択式問題を作成する上で大切なこと―問題作成の専門家に対する調査結果に基づいて―」『日本テスト学会誌』, *11*, 21-34.

飯村英樹（n.d.）. Testing listening. 以下より入手可能：http://jlta.ac/?page_id=32

石川祥一・西田正・斉田智里（編）（2011）『英語教育学体系第 13 巻　テスティングと評価―4 技能の測定から大学入試まで―』大修館書店

卯城祐司（編著）（2012）『英語リーディングテストの考え方と作り方』研究社

浦野研（2014）「英語授業を見つめ直す方法：テストデータの見方を知ろう」以下より入手可能：https://www.slideshare.net/uranoken/ss-40705067

大友賢二（1996）『項目応答理論入門』大修館書店

尾崎茂（2008）『言語テスト学入門―テスト作成の基本理念と研究法』大学教育出版

小野塚若菜・島田めぐみ（2008）『日本語教師のための Excel でできるテスト分析入門』スリーエーネットワーク

外国語能力の向上に関する検討会（2011）『国際共通語としての英語力向上のための 5 つの提言と具体的施策～英語を学び意欲と使う機会の充実を通じた確かなコミュニケーション能力の育成に向けて～』以下より入手可能：http://www.mext.go.jp/b_menu/shingi/chousa/shotou/082/houkoku/1308375.htm

金谷憲（編著）（2003）『英語教育研究リサーチ・デザイン・シリーズ 8　英語教育評価論―英語教育における評価行動を科学する』河源社

上山晋平（編著）（2014）『英語テストづくり＆指導　完全ガイドブック』明治図書
北尾倫彦（2011）『観点別学習状況の評価規準と判定基準　中学校外国語』図書文化社
楠井啓之（2012）「授業とリンクする定期テストのリーディングテスト」卯城祐司（編著）『英語リーディングテストの考え方と作り方』（pp. 96-102）研究社
小泉利恵（2012）「テキストの難易度の尺度」卯城祐司（編著）『英語リーディングテストの考え方と作り方』（pp. 20-24）研究社
小泉利恵（2015）「スピーキングの評価―スピーキングテスト作成・実施を中心に」望月昭彦・深澤真・印南洋・小泉利恵（編著）『英語4技能評価の理論と実践―CAN-DO・観点別評価から技能統合的活動の評価まで』（pp. 43-57）大修館書店
小泉利恵（2016）「ルーブリックを使ったスピーキングの評価」『英語教育』，12月号，34-35.
小泉利恵（n.d.）．「JLTA Web Tutorial：測定の標準誤差：1点の差には意味があるか」以下より入手可能：http://jlta2016.sakura.ne.jp/?page_id=32
佐藤一嘉（編著）（2014）『ワーク＆評価表ですぐに使える！英語授業を変えるパフォーマンス・テスト　高校』明治図書（中学校の各学年版もある）
塩川春彦他（2014）*Unicorn English Expression II*. 文英堂
静哲人（2002）『英語テスト作成の達人マニュアル』大修館書店
清水真紀（2015）「リーディングの評価―リーディングテストの作成：理論からのアプローチ」望月昭彦・深澤真・印南洋・小泉利恵（編著）『英語4技能評価の理論と実践―CAN-DO・観点別評価から技能統合的活動の評価まで』（pp. 58-71）大修館書店
鈴木明夫（2009）『図を用いた教育方法に関する心理学的研究』開拓社
鈴木宏昭（1996）『類似と思考』共立出版株式会社
大学入試センター（n.d.）「平成27年度本試験の問題　英語（リスニング）スクリプト」以下より入手可能：http://www.dnc.ac.jp/albums/abm.php?f=abm00004663.pdf&n=18　27リスニングスクリプト.pdf
髙木修一（2014）「日々の授業を支える評価のポイント」『英語教育』，7月号，pp. 26-27.
寺島清一（2012）「リーディング力を測る問題形式と発問の具体例」卯城祐司（編著）『英語リーディングテストの考え方と作り方』（pp. 91-96）研究社
東京学芸大学（2016）『文部科学省委託事業「英語教員の英語力・指導力強化のための調査研究事業」平成27年度報告書』以下より入手可能：http://www.u-gakugei.ac.jp/~estudy/report/
東京学芸大学（2017）『文部科学省委託事業「英語教員の英語力・指導力強化のための調査研究事業」平成28年度報告書』以下より入手可能：http://www.u-gakugei.ac.jp/~estudy/report/
東京都教育委員会（2016年2月24日）「平成28年度英語学力検査リスニングテスト台本」以下より入手可能：http://www.kyoiku.metro.tokyo.jp/press/2016/pr160224a/28e-listening.pdf
中村優治（2011）「テスト開発」石川祥一・西田正・斉田智里（編）『英語教育学体系第13巻　テスティングと評価―4技能の測定から大学入試まで―』（pp. 87-115）大修館書店
中村洋一（2002）『テストで言語能力は測れるか―言語テストデータ分析入門―』桐原書店
日本英語検定協会（n.d.）「TEAP問題構成・見本問題」以下より入手可能：http://www.eiken.or.jp/teap/construct/
根岸雅史（監修）（2010）『スピーキング・テスト・セレクション（DVD）』ジャパンライム
根岸雅史・東京都中学校英語教育研究会（2007）『コミュニカティブ・テスティングへの挑戦』三省堂
野口裕之・大隅敦子（2014）『テスティングの基礎理論』研究社
平井明代（2015）「授業を活かすストーリーリテリング・テストの活用」『大塚フォーラム』，*33*, 49-69. 以下より入手可能：https://tsukuba.repo.nii.ac.jp/?action=pages_view_main&active_action=repository_view_

main_item_detail&item_id=36432&item_no=1&page_id=13&block_id=83

平井明代・飯村英樹（2017）「測定と評価—妥当性と信頼性」平井明代（編著）『教育・心理系研究のためのデータ分析入門—理論と実践から学ぶ SPSS 活用法（第 2 版）』（pp. 1-19）東京図書

深澤真（2014）「同僚の先生方とのチームワークで授業準備を引き算」『英語教育』，2 月号，14-15. 大修館書店

深澤真（2015）「技能統合的活動の評価」望月昭彦・深澤真・印南洋・小泉利恵（編）『英語 4 技能評価の理論と実践—CAN-DO・観点別評価から技能統合的活動の評価まで』（pp. 83-91）大修館書店

ベネッセ教育総合研究所（2015）「ダイジェスト版　中高の英語指導に関する実態調査 2015」ベネッセ教育総合研究所. 以下より入手可能：http://berd.benesse.jp/global/research/detail1.php?id=4776

松沢伸二（2002）『英語教師のための新しい評価法』大修館書店

松畑熙一他（2016）*SUNSHINE ENGLISH COURSE* 3. 開隆堂

水本篤（2014）「測定の妥当性と信頼性」竹内理・水本篤（編著）『外国語教育研究ハンドブック—研究手法のより良い理解のために』（改訂版, pp. 17-31）松柏社

光永悠彦（2017）『テストは何を測るのか—項目反応理論の考え方』ナカニシヤ出版

村野井仁他（2016）*Genius English Communication I Revised.* 大修館書店

村山航（2012）「妥当性概念の歴史的変遷と心理測定学的観点からの考察」『教育心理学年報』，51, 118-130. 以下より入手可能：https://www.jstage.jst.go.jp/article/arepj/51/0/51_118/_article/-char/ja/

文部科学省（2008）『中学校学習指導要領解説　外国語編』開隆堂

文部科学省（2010）『高等学校学習指導要領解説　外国語編』開隆堂

文部科学省国立教育政策研究所 教育課程研究センター（NIER）（2011）『評価規準の作成，評価方法等の工夫改善のための参考資料　中学校外国語』教育出版. 以下より入手可能：https://www.nier.go.jp/kaihatsu/hyouka/chuu/10_chu_gaikokugo.pdf

文部科学省国立教育政策研究所 教育課程研究センター（NIER）（2012）『評価規準の作成，評価方法等の工夫改善のための参考資料　高等学校外国語』教育出版. 以下より入手可能：http://www.nier.go.jp/kaihatsu/shidousiryou.html

文部科学省初等中等教育局（2013）『各中・高等学校の外国語教育における「CAN-DO リスト」の形での学習到達目標設定のための手引き』文部科学省. 以下より入手可能：http://www.mext.go.jp/a_menu/kokusai/gaikokugo/__icsFiles/afieldfile/2013/05/08/1332306_4.pdf

望月昭彦（2015a）「CAN-DO リストと観点別評価」望月昭彦・深澤真・印南洋・小泉利恵（編著）『英語 4 技能評価の理論と実践—CAN-DO・観点別評価から技能統合的活動の評価まで』（pp. 2-18）大修館書店

望月昭彦（2015b）「ライティングと他技能との技能統合的活動の評価」望月昭彦・深澤真・印南洋・小泉利恵（編著）『英語 4 技能評価の理論と実践—CAN-DO・観点別評価から技能統合的活動の評価まで』（pp. 92-101）大修館書店

望月昭彦（2015c）「ライティングの評価」望月昭彦・深澤真・印南洋・小泉利恵（編著）『英語 4 技能評価の理論と実践—CAN-DO・観点別評価から技能統合的活動の評価まで』（pp. 19-42）大修館書店

望月昭彦・深澤真・印南洋・小泉利恵（編著）（2015）『英語 4 技能評価の理論と実践—CAN-DO・観点別評価から技能統合的活動の評価まで』大修館書店

若林俊輔・根岸雅史（1993）『無責任なテストが「落ちこぼれ」を作る』大修館書店

渡部良典・小泉利恵・飯村英樹・髙波幸代（編著）（2016）『日本言語テスト学会誌第 19 号（20 周年記念特別号）』日本言語テスト学会. 以下より入手可能：http://jlta.ac/

索引（以下サイトに正誤表あり。http://www7b.biglobe.ne.jp/~koizumi/Guide_Index.pdf）

欧文

CAN-DO リスト（CAN-DO list） 52, 116, 118
PDCA サイクル（Plan-Do-Check-Act Cycle: PDCA cycle） 116, 118
S-P 表分析（Student-Problem Score Table Analysis） 113

あ

アウトプット（output） 78
アカデミックな英語使用（academic English use） 80
言い換え（paraphrasing） 109
インタビュー（interview） 92
インプット（input） 76, 83
影響力の大きいテスト（high-stakes test） 99
英語カルテ（English progress note） 110
絵の描写（picture description） 87, 92
音読（reading aloud） 91

か

外部テスト（external test） 43
書き換え（rewriting） 94
間接テスト（indirect test） 40
観点別評価（criterion-referenced evaluation/assessment） 51
技能（skill） 85
技能統合型テスト（integrated test） 76, 84, 107
技能統合型ライティングテスト（integrated writing test） 83
客観テスト（objective test） 41
教員と生徒間の対話（teacher-student conversation） 94
空所補充（gap-filling） 92, 102, 103, 105
組み合わせ（matching） 102, 105
形成的テスト（formative test） 41
構成／再構成（structuring and restructuring） 94
校内テスト（teacher-made test） 42, 79
項目応答理論（item response theory: IRT） 115
項目独立型評価（task independent scoring） 64
項目非独立型評価（task dependent scoring） 64
項目分析（item analysis） 115
個別項目テスト（discrete point test） 40

さ

錯乱肢（distractor） 97, 99
指示，プロンプト（prompt） 91
事実に関する短い質問（factual short-answer question） 91
実行可能性，実用性（practicality, feasibility） 56, 62, 89
実質選択肢数（actual equivalent number of options: AENO） 114
実証的に作成された，2択式，境界定義形式尺度（Empirically derived, Binary-choice, Boundary-definition scale: EBB scale） 64
質問文（stem） 97
自由解答式，記述式（open-ended format） 44, 104
自由産出型タスク（free production task） 89, 90, 96
集団基準準拠テスト（norm-referenced test） 41
集中的学習（massed learning） 62
主観テスト（subjective test） 41
授業改善（lesson improvement） 118
熟達度テスト（proficiency test） 40, 43
受容技能（receptive skill） 102
受容技能テスト（receptive skill test） 106
準備したスピーチ（prepared/planned speech） 92
情報再生（information reproduction） 94
情報転移（information transfer） 71, 102, 104, 105
情報の統合度合いが中程度のテスト（moderately integrated test） 107
情報の統合度合いが強いテスト（strongly integrated test） 107
情報の統合度合いが弱いテスト（weakly integrated test） 107
初見の英文（English text students have not read before） 73
シラバス（syllabus） 118

真偽判定（True or False [TF], Yes/No） 102, 105
真正性（authenticity） 50, 78, 89
診断テスト（diagnostic test） 40
信頼性（reliability） 56
ストーリーリテリング，話の再現（story retelling） 109
スピーキング（speaking） 89
スピーキングタスク（speaking task） 91
スピーキングテスト（speaking test） 63, 65, 80
スピーチ（speech） 92
正解肢（key） 97
制限産出型タスク（limited production task, constrained production task） 89, 96
制限の中程度のタスク（moderately constrained task） 90, 93
制限の強いタスク（strongly constrained task） 90, 92
制限の弱いタスク（weakly constrained task） 91, 94
整序英作文，並び替え（ordering） 94, 102, 103, 105
生徒同士の対話（student-student conversation, paired oral, group oral） 94
選択肢（option） 97
総括的テスト（summative test） 41
総合的評価（holistic scoring） 64, 69, 84
総合問題（test with mixed item formats） 60
創作（creating） 94
即興で行うスピーチ（impromptu/spontaneous speech） 92

た
多肢選択式（multiple-choice format） 97, 98, 100, 114
多肢選択式の質問文形式（multiple-choice question format） 97
多肢選択式の不完全質問文形式（multiple-choice incomplete stem format, multiple-choice sentence format） 97
タスクベースの評価（task-based assessment） 78
妥当性（validity） 58, 90, 100
妥当性検証，妥当性の確認（validation） 58
単純な類似（similarity） 86
短文解答（short-answer） 102, 104, 105

知識（knowledge） 85
直接テスト（direct test） 40
定期テスト（mid-term and/or final test） 73
ディクテーション（dictation） 71
提示した文を操作して会話（manipulating sentences） 91
ディスカッション（discussion） 92
ディベート（debate） 92
テスト形式，解答形式（test format, item format, task format） 76, 108
テスト構成（test structure） 48
テスト細目（test specifications, test specs） 45, 46
テストの構成概念（test construct） 48
テストの種類（kinds of tests） 40
テストのフィードバック（test feedback） 110
テストの目的（test purpose） 48
テスト不安（test anxiety） 73
テスト分析（test analysis） 114
統合テスト（integrative test） 40
到達度テスト（achievement test） 40, 41

な
内容判断を伴う模倣（elicited imitation） 91
並び替え，整序英作文（ordering） 94, 102, 103, 105
難易度（difficulty） 115
ノート取り（notetaking） 109

は
波及効果（washback [effect], backwash [effect]） 55, 59, 63
話の再現，ストーリーリテリング（story retelling） 109
パフォーマンステスト（performance test） 84
バランス関係（balance） 57, 62
判定基準（rating scale） 65, 88
反論（counterargument） 91
1つの英文に対する意見表明（responding to a text） 109
評価規準（assessment criterion） 65
評価者，採点者（rater） 65, 69
評価者訓練（rater training） 66
フィードバック（feedback） 112
複数真偽判定（multiple true-or-false） 104

複数の英文に対する意見表明（responding to multiple texts）　109
フレーズへの反応（reacting to phrases）　91
プレゼンテーション（presentation）　92
プロンプト，指示（prompt）　92
文完成（sentence completion）　94
分散型反復学習（spaced learning）　62
分析的評価（analytic scoring）　64, 69, 84
文復唱（sentence repetition）　91
弁別力，識別力（discrimination）　114
ポートフォリオ評価（portfolio assessment）　70

ま
メモの取り方の技術（notetaking skill）　83
模擬試験，模試（mock test, practice exam）　41
目標基準準拠テスト（criterion-referenced test）　41

や
要約（summarizing）　109

ヨーロッパ言語共通参照枠（Common European Framework of Reference for Languages: CEFR）　64, 118

ら
ライティング（writing）　89
ライティング産出型タスク（writing production task）　94
ライティングテスト（writing test）　67, 83
リーディングテスト（reading test）　73
リスニングテスト（listening test）　71
ルーブリック，採点基準，評価基準（rubric）　64, 66, 69, 80, 82, 84
レベル分けテスト（placement test）　40
ロールプレイ（role play）　92

わ
和文英訳，日本語で提示して英語で話す（Japanese-English translation）　87, 92

執筆者一覧

小泉利恵（こいずみ　りえ）
　栃木県出身。宇都宮大学教育学部卒業。筑波大学大学院博士課程修了。栃木県那須郡小川町立小川中学校教諭，常磐大学専任講師，順天堂大学医学部准教授を経て，現在，清泉女子大学言語教育研究所准教授。
　好きな言葉は「意志のあるところに道は開ける」。趣味は日向ぼっこ。http://www7b.biglobe.ne.jp/~koizumi/KoizumiHP.html にて研究業績等を紹介。
　はじめに，第1.1節，第2.1.2節，第2.1.4節，第2.4.1節，第3.1節担当

印南　洋（いんなみ　よう）
　広島県出身。広島修道大学人文学部卒業。筑波大学大学院博士課程修了。茨城県立茎崎高等学校常勤講師などを経て，現在，中央大学理工学部教授。
　趣味は古墳探訪と地図を見ること。
　第1.6節，第1.7節，第2.2.1節，第2.2.4節，第2.2.5節，第2.4.2節担当

深澤　真（ふかざわ　まこと）
　茨城県出身。中央大学文学部卒業。Saint Michael's College 大学院修士課程，筑波大学大学院修士課程修了。茨城県公立高校教諭，茨城大学准教授を経て，現在，琉球大学教育学部准教授。
　好きな言葉は，「不楽の楽を楽しむ」。好きなことは，海辺の散歩と素敵なカフェ探し。
　第2.1.1節，第2.1.3節，第2.2.2節，第2.3.1節，第2.4.3節担当

飯村英樹（いいむら　ひでき）
　茨城県出身。明治大学文学部卒業。筑波大学大学院博士課程修了。つくば国際大学高等学校，常磐大学国際学部，熊本県立大学文学部を経て，現在，群馬県立女子大学文学部准教授。
　好きな言葉は「継続は力なり」。趣味は水泳。http://iimurahideki.wixsite.com/iimurahideki にて研究業績等を紹介。
　第1.4節，第1.5節，第2.3.2.1節，第3.3節担当

佐藤敬典（さとう　たかのり）
　秋田県出身。秋田大学教育文化学部卒業。秋田大学大学院修士課程，上智大学大学院修士課程，メルボルン大学大学院博士課程修了。秋田県立仁賀保高等学校教諭，上智大学非常勤講師，玉川大学助教を経て，現在，上智大学言語教育研究センター准教授。
　趣味はギターを弾くこととヘビーメタル鑑賞。
　第1.8節，第1.9節，第2.2.6節，第2.2.6.1節，第2.3.3節，第3.5節担当

髙木修一（たかき　しゅういち）

　福島県出身。筑波大学第一学群人文学類卒業。筑波大学大学院博士課程修了。日本学術振興会特別研究員（DC1），茨城キリスト教大学兼任講師を経て，現在，福島大学人間発達文化学類准教授。東北英語教育学会理事・福島支部事務局長。

　趣味はドライブとツーリング。https://search.adb.fukushima-u.ac.jp/Profiles/1/0000022/profile.html にて研究業績等を紹介。

　第1.2節，第1.3節，第3.4節担当

髙波幸代（たかなみ　さちよ）

　埼玉県出身。茨城大学教育学部卒業。茨城大学大学院教育学研究科修了。筑波大学大学院博士後期課程単位取得満期退学。博士（言語学）。在学中より中学・高校・高専・大学等で非常勤講師として働く。現在，中央大学人文科学研究所客員研究員。

　趣味は料理・水泳・DIY。http://sachiyotakanami.wixsite.com/sachiyotakanami にて研究業績等を紹介。

　第2.3.2.2節，第3.3節担当

矢野　賢（やの　けん）

　茨城県出身。帝京大学文学部教育学科卒業。筑波大学大学院修士課程修了。宮城県志津川高等学校教諭，茨城県立水戸第一高等学校教諭等を経て，現在茨城県立多賀高等学校教諭。

　趣味はロードバイクでロングライド，アコギでJAZZ，読書，映画鑑賞など。

　第2.2.3節，第2.2.6.2節，第3.2節，第3.6節担当

実例でわかる 英語テスト作成ガイド
©Koizumi Rie, In'nami Yo, Fukazawa Makoto 2017　　　　　　　NDC 375／xi, 161p／26cm

初版第1刷──2017年8月1日
　第3刷──2021年9月1日

編者──────小泉利恵・印南　洋・深澤　真
発行者─────鈴木一行
発行所─────株式会社 大修館書店
　　　　　　　〒113-8541 東京都文京区湯島2-1-1
　　　　　　　電話 03-3868-2651（販売部）03-3868-2294（編集部）
　　　　　　　振替 00190-7-40504
　　　　　　　［出版情報］https://www.taishukan.co.jp

装丁者─────CCK
印刷所─────広研印刷
製本所─────牧製本印刷

ISBN 978-4-469-24610-0 Printed in Japan
Ⓡ 本書のコピー，スキャン，デジタル化等の無断複製は著作権法上での例外を除き禁じられています。本書を代行業者等の第三者に依頼してスキャンやデジタル化することは，たとえ個人や家庭内での利用であっても著作権法上認められておりません。